枕上诗书

一本书读懂经典国学

李悠 —— 著

台海出版社

图书在版编目（CIP）数据

枕上诗书：一本书读懂经典国学 / 李悠著 . -- 北京：台海出版社，2023.4
　　ISBN 978-7-5168-3500-5

Ⅰ. ①枕… Ⅱ. ①李… Ⅲ. ①国学－通俗读物 Ⅳ. ① Z126-49

中国国家版本馆 CIP 数据核字（2023）第 028821 号

枕上诗书：一本书读懂经典国学

著　　者：李　悠	
出 版 人：蔡　旭	封面设计：末末美书
责任编辑：曹任云	

出版发行：台海出版社
地　　址：北京市东城区景山东街 20 号　　邮政编码：100009
电　　话：010-64041652（发行，邮购）
传　　真：010-84045799（总编室）
网　　址：www.taimeng.org.cn/thcbs/default.htm
E － mail：thcbs@126.com

经　　销：全国各地新华书店
印　　刷：三河市金泰源印务有限公司
本书如有破损、缺页、装订错误，请与本社联系调换

开　　本：880 毫米 ×1230 毫米　　1/32
字　　数：176 千字　　　　　　　　印　张：8.5
版　　次：2023 年 4 月第 1 版　　　 印　次：2023 年 4 月第 1 次印刷
书　　号：ISBN 978-7-5168-3500-5

定　　价：45.00 元

版权所有　　翻印必究

国学之于国人,是传承,是塑造,是提升。可修身齐家,可受益终身。

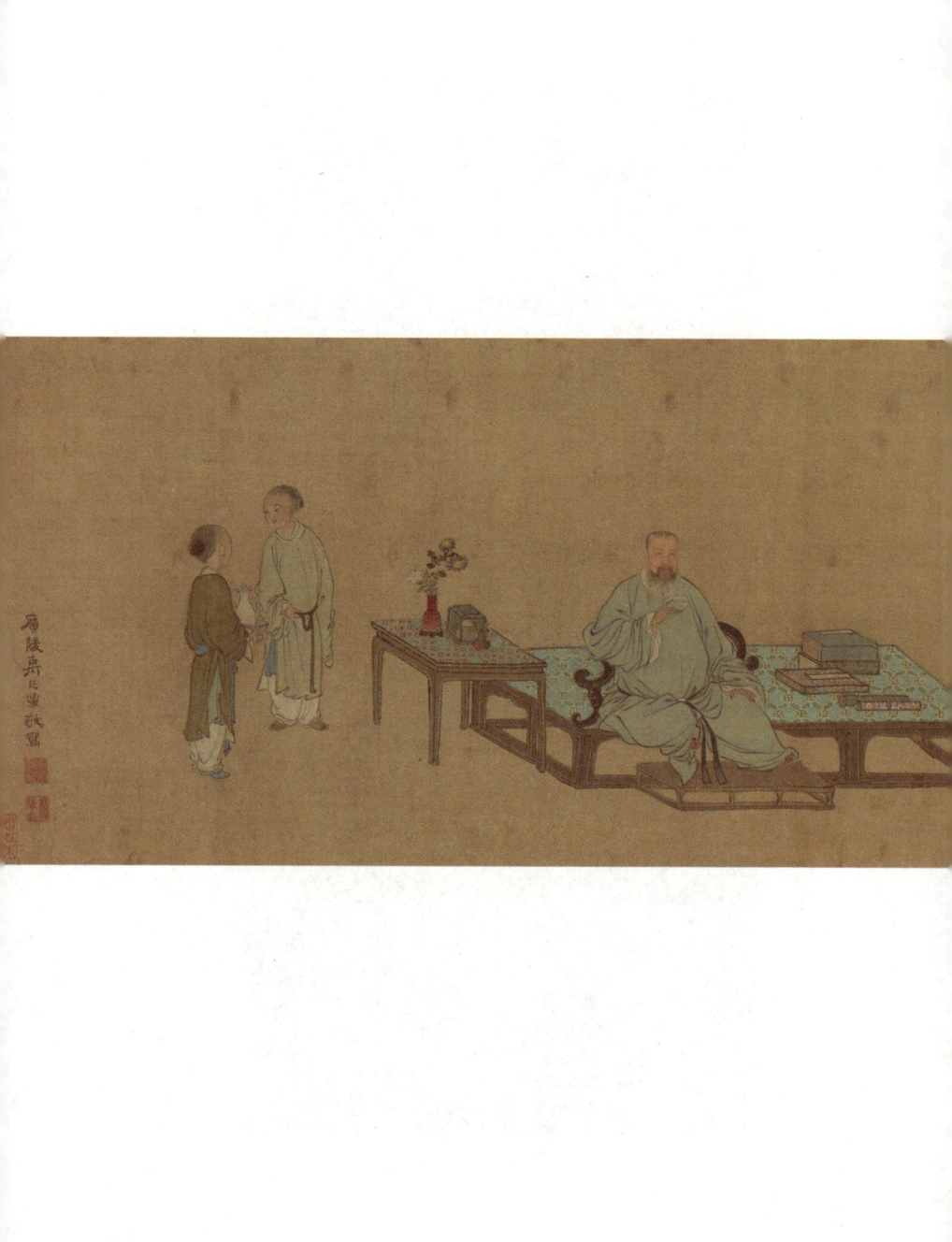

布玠蘭靜好學唐
完庵先生曾孫人以稍甲期之壬戌科
采鈐第當有桂枝賀其枝園芬後等
昔一木以寄佛知完庵遺澤不敢此
與爾道居觀無近今年春前稍耕名
香花箱且完唐慳又見春風屬後
室 沈周

目 录

患难可与共，富贵难相守——先秦·无名氏《诗经·谷风》..............001

子欲养而亲不待——先秦·无名氏《诗经·蓼莪》..............008

道法自然的智慧哲思——先秦·老子《道德经》（节选）..............013

一生坎坷为"大道"——先秦·孔子的弟子及其再传弟子

　　《论语·长沮桀溺耦而耕》..............023

枉己者，非君子——先秦·孟子《孟子·滕文公下》（节选）.......030

心与物游——先秦·庄周《齐物论·庄周梦蝶》..............037

苏世独立，受命不迁——先秦·屈原《离骚》（节选）..............044

为臣事君，忠心为国——先秦·左丘明《左传·蹇叔哭师》..........052

赴死，也是一种对信仰的坚守——先秦·左丘明《左传·哀公十五年》

　　（节选）..............059

仁义礼乐，只是救赎之术——汉代·刘安《淮南子·本经训》........068

仁义礼德，胜于一切——汉代·戴圣《礼记·儒行》..............077

从此世界只剩黑夜——汉代·无名氏《孤儿行》..............088

深情只予一心人——汉代·卓文君《白头吟》..............096

欲知大道，必先为史——汉代·司马迁《史记·秦始皇本纪》

　　（节选）..............106

岁月以待相思——汉代·无名氏《行行重行行》..............117

无处安放的余生——汉代·无名氏《十五从军征》...... 124

一首给东汉的挽歌——汉代·曹操《蒿里行》...... 133

文学批评与创作价值——汉代·曹丕《典论·论文》...... 140

臣无它心，但乞愿终养——晋代·李密《陈情表》...... 149

复仇的奇幻之旅——晋代·干宝《搜神记·三王墓》...... 157

隐逸之美，是得失两忘——晋代·陶渊明《五柳先生传》...... 166

文学，本源于自然之道——南朝·刘勰《文心雕龙·原道》...... 172

若是南风知相思，与君梦中见——南朝·无名氏《西洲曲》...... 180

酒后狂歌吐真言——唐代·李白《将进酒》...... 188

忆往昔繁华，心生哀伤——唐代·杜甫《哀江头》...... 197

宁可孤独，也不流俗——宋代·苏轼《卜算子·黄州定慧院寓居作》...... 203

旧梦如隔世，只待追忆——宋代·李清照《永遇乐·落日熔金》...... 209

知行合一，心外无物——明代·王守仁《答顾东桥书》（节选）...... 216

最是深情在日常——明代·归有光《项脊轩志》...... 224

问世间情为何物——明代·汤显祖《牡丹亭记题词》...... 232

人生智慧，美的境界——明代·陈继儒《小窗幽记·集灵篇》

（节选）...... 238

我爱这个光怪陆离的世界——清代·蒲松龄《聊斋自志》...... 244

文字之间，见境界大小——清代·王国维

《人间词话·后主之词以血书者也》...... 252

患难可与共,富贵难相守

——先秦·无名氏《诗经·谷风》

习习谷风,以阴以雨。黾勉同心,不宜有怒。采葑采菲,无以下体?德音莫违,及尔同死。

行道迟迟,中心有违。不远伊迩,薄送我畿。谁谓荼苦?其甘如荠。宴尔新昏,如兄如弟。

泾以渭浊,湜湜其沚。宴尔新昏,不我屑以。毋逝我梁,毋发我笱。我躬不阅,遑恤我后!

就其深矣,方之舟之。就其浅矣,泳之游之。何有何亡,黾勉求之。凡民有丧,匍匐救之。

不我能慉,反以我为仇。既阻我德,贾用不售。昔育恐育鞫,及尔颠覆。既生既育,比予于毒。

我有旨蓄,亦以御冬。宴尔新昏,以我御穷。有洸有溃,既诒我肄。不念昔者,伊余来塈。

（1）

天阴沉沉的，云朵聚积得越来越厚，就快要压到头顶。

踏出房门的那一刻，山谷里席卷而来的大风裹挟着冷雨劈头盖脸砸了过来，瞬间便将我吞噬于苍茫大地间。

目光所及的一切都变得扭曲而模糊，山野中的树木拼命甩着头，像是要把脖子扭断般狂暴，黄豆大的雨点朝着四面八方砸去，肆意地、癫狂地、无意识地发泄着。

我不由得浑身一颤，夫君如天，我与这自然山川互为见证。

从他的心远离的那刻起，我又何尝不是在暴风雨中艰难地活着？

往昔岁月的付出都白费了，一切恩情苦日都被抛在脑后，只留下这一具躯壳在身边晃来晃去，又怎么会不令人生厌？责备和辱骂声越来越多，那张熟悉的脸庞上流露出嫌恶的神情，仿佛面对的不是共度患难的妻子，而是一只毒虫，恨不得除之而后快。

哪里是我做的饭菜不好吃、打扫的屋子不够干净，是我这个人已经无法让他满意了啊！

脚下湿漉漉的石板旁又有杂草冒头了，弱小的身影在寒风中颤抖着。

身后，是暖意融融的烛光，但我不敢回头去看，只怕多看一眼，更要肝肠寸断。

眼前是凄风厉雨，漫漫长夜不归路；背后却是他洞房花烛，抱得新人归。

旧时誓言尚在耳边："德音莫违，及尔同死。"哪里知道这世事难料，人心易变。

离开的脚步走得很慢、很慢，不敢奢求他能将我远送，只是彼此扶持走过的岁月还历历在目，我内心里仍旧放不下期待。却不料，这一厢情愿，最是可笑啊！正沉浸在新婚的甜蜜之中的两人，你侬我侬，情意绵绵，哪里顾得上担心我离开之后的事？

刚走至门边，他便砰的一声关上房门，干脆利落，如一声响雷将我的心砸进了深不见底的冰窟窿里，那里只有很黑、很冷的绝望。

是我太过软弱，无数次的隐忍换来了无穷的哀伤。是他太过愚蠢，才会拔出萝卜后扔掉根。一片痴情付诸流水，往昔深情全被弃。

（2）

这些年，多少辛酸无人可说，我的脑海中不断闪回过往人生。

想到初为人妇时，家中一贫如洗，艰难度日。可那时，两人相互扶持，哪怕家中无米下锅，就着一锅清汤野菜，也吃得很满足。

本着最质朴的热心肠,每逢左邻右舍有困难,我都一定赶去极尽所能提供帮助,邻里之间相处得融洽和睦。

记得有次,丈夫进山打猎时不小心伤了腿,我四处奔走,向邻居求药方,独自爬上陡峭的崖壁,采药回来为他疗伤。那段时间,丈夫躺在床上无法动弹,家里的米缸空荡荡的,我每天跑到溪水边咕嘟咕嘟灌凉水填肚子,都不曾落过一滴泪。

那些忙里忙外的日子,尽管艰难,我内心里却始终充盈着希望。

我们都出生于贫苦人家,勤俭持家,不怕辛苦,家境眼看着一天天好转起来。

一年又一年过去,家中逐渐有了些积蓄,再也不用为揭不开锅而发愁。打回来的鱼,我腌制了满满几坛腊鱼肉;晾干的萝卜白菜,做成咸菜储藏起来。这一切都让我满心欢喜,就算寒冷的冬季再漫长,我们也不必再为了食物而焦虑。

我满以为,守得云开见月明,可以过些好日子了,哪里曾想到,他的不满越来越多,对我的态度更是日渐恶劣。

我在清晨涉足冰冷的溪水,只为捕捉当季最肥美的活鱼,仔细剔除鱼刺后,清蒸的鱼肉鲜美无比;趁着露水未干,我摘下最嫩的蔬菜,用泉水洗净后拌着香料,满屋都是春天的气息。可是,再精心的准备也无法换来一丝让人安慰的笑容,当他心中不再有你时,无论做什么,在他看来都不过是墙上的一抹蚊子血罢了。

那些没米下锅的日子再难,也不如丈夫冷眼对待那般内心艰难;起早贪黑在地里劳作再累,也不如丈夫移情别恋带来的伤害那般痛。

离开的脚步走得很慢、很慢,苦心经营的家就在身后,我却没有回头看一眼的力量。

"不念昔者,伊余来塈。"屋内是红烛鸳鸯帐,暖意温柔乡,曾经相濡以沫的丈夫,如今抱得新人归,而我如同一粒尘埃,置身于茫茫天地间。

(3)

《诗经》是中国最早的一部诗歌总集,其内容丰富庞杂,涉及周代生活的方方面面,是反映社会风貌的一部经典著作。《诗经·谷风》是其中一首描写弃妇的诗。

在当时,丈夫变心抛弃妻子的事情并不少见,算得上是社会问题,许多文学作品中都有反映。但这首诗让人揪心与动容的,是故事发生在丈夫迎娶他人之日。这对于一直勤劳持家的妻子而言,本就是彻骨的伤害,更为致命的一击是,丈夫迎娶新妇的洞房花烛夜,也是绝情地将原配妻子扫地出门的时刻。

境遇的强烈对比,为全诗赋予了一种情感的张力。开篇以狂风大雨比作丈夫对待糟糠之妻的暴怒情绪,面对丈夫的变心,妻子似乎从头到尾都没有直接对抗,她按捺着心痛,不改初衷地一心为家操劳。这种性格上的温婉、隐忍,是中国传统妇女的本色。

随着全诗的讲述，我们得知，这对夫妇原本出身贫寒，而妻子无怨无悔，张罗着家里家外的大小事务，照顾丈夫，也与邻居互相帮助、和睦相处。那时候，无论遇到怎样的困难，都不曾让她对生活失望。在两人的共同努力下，家境才终于有了好转。

妻子的痴情一片，换来的却是丈夫的负心绝情。结发盟誓被抛之脑后，他对待妻子的态度日渐恶劣，不仅有事没事找碴发火，甚至嫌恶到如同眼中钉、肉中刺，全然不顾念曾经的患难与共。

妻子不断回忆起那些旧情往事，又一次次被拉回残酷的现实之中，反复咏唱道"宴尔新昏，如兄如弟""宴尔新昏，不我屑以""宴尔新昏，以我御穷"，她是无论如何，也无法逃脱丈夫迎娶新妇所造成的刺激与刻骨铭心的伤痛。尽管经历了如此多的苦难，可是，直至被赶出家门的这天，妻子都没有放下对丈夫的情感。

几千年过去，爱情中的悲欢离合一直在生活中不断上演。

诗中女子的凄凉遭遇，从侧面体现了古代妇女在爱情和家庭生活中的卑微。男权社会下，妇女犹如风中芦苇，常常沦落为牺牲品。

我们不得不承认，爱情可能存在很多变数，但家却是交织着爱与共同经历的一个新的生命体，需要两人一起用情感和生活去浇灌。在爱情和婚姻之中，一味地委曲求全兴许并不是解决问题的好办法，感情中的双方应该有着平等、自由的灵魂。

诗中女子的遭遇让人感到悲痛和同情，与此同时，也不由庆幸我们生活在一个能够拥有独立人格的年代。希望天下患难与共的有情人，终有一日能同享安宁美好的生活，假若遇人不淑，也请照顾好自己啊！

子欲养而亲不待

——先秦·无名氏《诗经·蓼莪》

蓼蓼者莪,匪莪伊蒿。哀哀父母,生我劬劳。

蓼蓼者莪,匪莪伊蔚。哀哀父母,生我劳瘁。

瓶之罄矣,维罍之耻。鲜民之生,不如死之久矣。无父何怙?无母何恃?出则衔恤,入则靡至。

父兮生我,母兮鞠我。拊我畜我,长我育我,顾我复我,出入腹我。欲报之德,昊天罔极!

南山烈烈,飘风发发。民莫不穀,我独何害!

南山律律,飘风弗弗。民莫不穀,我独不卒!

(1)

家门口的溪水边,莪蒿已开出黄色小花了吧。

大山里的树木,又抽出新芽了吧。

我在童年里四处奔跑，走过的每一寸土地，都像曾经一样，四季变换，周而复始。

只是，再也没有一双展开的手臂在等待着迎接我回家。

这是我出生和成长的地方。

清澈的溪水中，鱼群游来游去，父亲从田地里劳作归来，肩上搭着汗水浸湿的衣裳。那时候，天空蔚蓝无云，明晃晃的阳光直射大地，父亲接过我递上的水壶，仰头灌上几大口，笑着摸了摸我的头。

我玩得满头大汗跑回家里，母亲正在厨房里忙碌，架在灶上的锅还没热，我已等不及揭开锅盖朝里探头，母亲边捡拾起柴火朝炉膛里塞，边抬头微笑着嘱咐我小心别烫着手。

这一幕幕充满笑容的画面，如今，只是我脑海中虚无的幻象罢了。

这片土地不言不语却又饱含深情，它见证了我是如何从呱呱坠地的婴儿长成健壮有力的青年。

儿时，父亲常常让我骑在肩头，带着我上山下田，认识植物，与小动物成为朋友；少时，他向我展示劳作的方法，一遍又一遍，我迫不及待要模仿，猴子学样的笨拙姿态惹得父亲哈哈大笑，在这样的笑声里，我逐渐学习到种种生活的技能。

而母亲，总是温柔平静的模样。她常常将我搂在怀里，一勺一勺小心地喂汤水；常常站在门前，大声呼唤着我的名字，该回家吃饭了；常常在夜里起身，替我掖好掀开的被子。在昏暗摇曳的光影下，她一边做针线活，一边对我讲述着往事。那些做人的道理，做事的规矩，都蕴含在母亲一段段温柔的诉说中。

"拊我畜我，长我育我，顾我复我，出入腹我。"那一帧帧温馨的画面，印刻在我的心头，那是记忆中家的模样。

（2）

天空，有一只孤雁飞过，发出凄厉的悲鸣。

我走在熟悉的小路上，感到自己变得越来越小、越来越矮，就要化作这大地上的一粒尘埃。这粒尘埃将随风扬起，旋转、沉浮，最终迷失于半空，它再也找不到家的方向。

巨大的孤独感席卷而来，仿佛天地之间只剩我踽踽独行，漫无目的。

莪蒿环根生，味美可食用；杜蒿虽结子，粗恶不可食。

这世上，最经不起等待的便是对双亲尽孝。可怜父母含辛茹苦将我拉扯长大，我却如那无用的杜蒿，既没能成材，也没能在双亲膝下侍奉，没能赡养、照顾生我育我的父母。

"欲报之德，昊天罔极！"他们的音容笑貌还历历在目，而我已经永远失去回报父母恩德的机会。

走在茫茫天地间，我的心已没有可以安放的地方。是悲痛，是羞耻，是深深的自责与痛恨，让我只想随他们而去，去往另一个世界，好过独活在这人间。

（3）

《诗经·蓼莪》是唱给父母的哀歌，饱含着丧亲之痛与情感折磨。

作者声嘶力竭地呼喊着"为什么我要遭受这样的劫难""为什么不幸的我不能为双亲养老送终"。他向天责难，向自己问罪，念及父母双亲是如何疼惜爱护自己，历尽艰辛将自己抚养成人的，他更是无法原谅自己，甚至恨不得早点死去。他虽悲痛至极，却也无力回天。

整首诗读下来，作者对于父母的哀思与丧失双亲后的孤独跃然纸上，如诉如泣，强烈的情感冲撞着读者的心，后世许多文人学者每每读到"哀哀父母，生我劬劳"，都忍不住痛哭流涕。

关于此诗的背景，《毛诗序》认为是指责周幽王暴政，百

姓不得不承受繁重的劳役或长年出征在外，无法对双亲尽孝终养，而欧阳修则认为诗人只是在抒发无法赡养父母的痛苦。

姑且不在此深究创作背景，对于今天的我们而言，这首诗仍是一盏警示灯，值得所有人反观自身。

孝敬父母，是中华传统的美德，但我认为，这绝不仅仅只是一种道德义务。"道德义务"是外界强加给自身的责任，而真正要做到孝敬父母，一定是从心而发的、对父母的爱与感念，就像父母无时无刻不在牵挂和关心着子女一样，只有深切的爱意，才能激发出有爱的行为。

我们成长的过程，就是不断离开父母的过程。兴许，我们会因为学业，因为工作，因为爱情等等离家远去，无法守候在父母身边，但在你忙着努力上进，忙着恋爱结婚，忙着与朋友聚会之余，是否也会不时惦念起远在他乡逐渐年迈的双亲？

只要父母还在这个世上，我们的心就有着可以牵挂和安放的地方，家庭里的温馨和爱是我们面对人生苦难的能量来源，也是我们获得心灵滋养的源泉。

且不说人生是有时限的，单单活在这世上就充满了不可预测的明天。就像诗中作者，无论他如何哀痛和呼喊，父母也不可能再出现在他跟前。那么，在我们还有机会与父母共处，有机会孝敬他们的时间里，请记得一定要将他们放在心上。现在多一些爱与陪伴，才能让日后少一些遗憾。

道法自然的智慧哲思

——先秦·老子《道德经》(节选)

天长地久。天地所以能长且久者,以其不自生,故能长生。是以圣人后其身而身先,外其身而身存。非以其无私邪?故能成其私。

上善若水。水善利万物而不争,处众人之所恶,故几于道。居善地,心善渊,与善仁,言善信,正善治,事善能,动善时。夫唯不争,故无尤。

持而盈之,不如其已。揣而锐之,不可长保。金玉满堂,莫之能守。富贵而骄,自遗其咎。功成身退,天之道。

(1)

春秋末期,战乱纷争。

一日,楚国大军攻至彭城,短兵相接,遍地哀鸣。在激烈的交战中，一支暗箭划过半空中扬起的滚滚尘土，电光石火间，直击宋国司马老佐的胸口，他来不及躲闪，不幸坠马身亡。

战场之上，生命如同草芥，不知哪个瞬间就会永别于世，归于尘土。老佐不怕战死，只是，临行之前在君王面前许下必胜誓言，携了家眷出征前线，眼下，怀有七个月身孕的夫人尚在宋营，命运未卜。

老佐一命呜呼，军队溃散逃窜。得知丈夫阵亡的消息，夫人悲痛万分，在慌乱逃避追兵的途中，夫人诞下一个早产男婴，起名为"聃"。

日子一天天过去，聃渐渐长大为少年。

他对世间一切都有着无限好奇，观天地日月星辰，听家国天下之事，思索着宇宙的奥妙与世界的本质。

母亲见他聪敏好学，心怀期许，便去拜见了当时通古博今的商容老先生，请他担任聃的老师。商容先生精通天文地理和殷商乐礼，却常常在与聃的对话中被问至无言以对。

为求甚解，聃不顾风雨寒暑，遍读群书。他内心存疑无数，经常沉浸在思考之中，不思茶饭。

不过三年，商容先生便向夫人辞行，他说道："聃是个聪敏超常且志向宏远的儿童，我的学识太过浅薄，相邑这个地方也偏僻闭塞，应该让他去周都求学深造，那里不仅有浩瀚如海的典籍，而且聚集了天下贤士。"

当时，聃还只是个十三岁的少年，母亲心里犯难，虽然希望孩子能学有所成，但家里就这一个血脉，到底是不放心他孤身前往陌生的远方。

商容先生似看出夫人的忧心，接着说道："我有个师兄是太学博士，他不仅学识渊博、举贤爱才，而且乐善好施，家中养育着许多民间的神童，像养育自己的亲生子女一样。他听我说起聃儿聪慧超常，早已想要见见，如今写了书信来，说是有家仆路过相邑，可以带聃儿去周都。这是千载难逢的机会啊！"

母亲听闻此言，按捺着内心的不舍，终是含泪拜谢商容先生，让聃入周求学。

此后，聃跟随太学博士，遍读典籍史书，涉猎宇宙人间种种知识，无所不学。三年之后，太学博士推荐他到守藏室为吏，这段日子对于聃而言是宝贵的经历，在那里，他得以阅读周朝各种典籍，如获至宝，常常废寝忘食地投入到知识的海洋里。

经过日复一日的学习与思考，聃形成了自己的思想体系与学识构架，成为道家学派的创始人，被世人尊称为"老子"。

（2）

《道德经》全文不过5000多字，论述的内容却包罗了老子一生之中关于宇宙、社会和人生的思考，通达的哲学观在字里行间处处可见。

老子感慨于当时王朝兴衰的现状，探寻治国安民的主张和理想的政治形态，从百姓的安危存亡和自己的生活体验出发，形成修身、养性和为人处世等方法论，以朴素的辩证主义论述了世界观和人生观等，《道德经》成为道家哲学思想的重要来源。

这本书常读常新，在全世界范围形成了巨大的影响。我们择其一二，在此略作解读，以窥见这部经典的智慧之一斑。

老子说："天长地久。天地所以能长且久者，以其不自生，故能长生。"

世间万物都有生有灭，人间世事变迁，斗转星移间便可沧海桑田，唯有天地长长久久地存在着。为何唯独天地可以长久存在呢？因为它"不自生"。天地并非为了自己生存，而是以自然规律孕育着万物。世间万物此消彼长，循环反复，能够跳脱出生死轮回、永恒不朽的并非天地的形态，而是背后的规律，也就是老子所说的"道"。

"道"乃天地之本、万物之源。所以说，不生不灭的不是具体的物质，是无形的规律。

由是，他提出"是以圣人后其身而身先，外其身而身存。非以其无私邪？故能成其私"。懂得"道"的圣贤之人，他们遇到问题纠葛和利益纷争时，从来不想着"自生"，反而是将自己的欲望置之度外，淡泊名利，不被外物所累。因为他们谦退让利，不与人争夺，反倒让自己成为众人之先，赢得大家的尊重。正是因为他们没有私心，才不会在对名利的追逐中乱了心智，而这种无私的心境，又让他们能够摆脱外界的困扰和声名财产的捆绑，反而成就了自身。

短短数言，足以指引一生。

社会本是一个整体，如果每个人都只想着自己眼前的一点蝇头小利，为了一己私欲而钩心斗角、玩弄权术，在遇到问题时，势必会引起明里暗里的斗争。不管当下谁赢谁输，这种兵不血刃的战役都会给社会埋下巨大隐患，不知何时就会爆发出危机。

对于名利的追逐，很容易让人掉入欲望的陷阱，越陷越深。试想，有多少人执着于这些身外之物而忘记了生活本该有的样子？又有多少人蝇营狗苟，到老了回忆起来，才感到自己虚度了一生？

因此，老子劝诫人们要心怀大爱，对于身外之物，要有着一份豁达洒脱的心境，假若每个人都能将他人放在首位，时常为他人做些力所能及的事情，用一颗真诚的心去对待他人，整个社会就会因此而成为和谐的共同体。

还记得关于天堂和地狱的小故事吗？天堂和地狱里有着一口同样的大锅，在地狱里，大家围锅而坐，每个人手里都拿着一根长柄勺，锅里煮着好吃的食物，却因为勺柄太长根本吃不到。每个人都想将美食送入自己口中，使出浑身解数也无法达成，都饿得面黄肌瘦。而在天堂里，人们互相将美食喂给对面的人，分享着锅中食物，所有人脸上都挂着满足的笑容。这不就是老子所说"以其不自生，故能长生"吗？

"圣人后其身而身先，外其身而身存"，天堂里的人们因为无私，反而成就了自己，地狱里的人们唯恐自己吃亏，生怕别人得利，最终一无所得。

人之为人，既有个体属性，也有社会属性。在社会之中，我们每个人都无法与其他人完全割裂隔绝，冷漠地对待与自私地争夺都会加深人与人之间的沟壑，而重视他人的需求，愿意为他人自然而然地付出，才能让整个社会良性有序地运作。

其实，当我们能够放下私心，真诚地去爱这世界上的每个人，内心也会涌起一种无形的幸福与感动，目之所及的一切都会因为价值观的导向而变得不同。老子所说的"先"与"后"、"人"与"己"就是辩证的结果，因其无私，故能成其私。

（3）

有一天，孔子信步走到黄河边，只见这大河中惊涛骇浪，滚滚河水奔腾汹涌，以一种义无反顾的姿态向东流去，那声音如同万马齐喑、震耳欲聋，又如猛虎下山，带着野性与蛮劲冲刷着两岸，无休无止。

孔子驻足站立，停留了许久，感叹道："逝者如斯夫，不舍昼夜！"黄河之水奔腾不息，人之年华流逝不止，河水不知何处去，人生不知何处归？

生命如河水不停流逝，却不知归处。这番话，听来有些忧伤，孔子悲从心来。老子却见山是山，他说："人出生在天地之间，和天地是一体的。天地是自然之物，人生也是自然之物，人生从幼年到少年到壮年再到老年，就像一年有春夏秋冬四季交替，有什么可悲伤的？遵循自然规律就是本性，生死如是，仁义如是，只要顺其自然，本性就不会乱，不遵循自然，本性就会受到阻碍。若欲念在心，就会生起焦虑之感，徒增烦恼。"

孔子摇了摇头，感叹道："我是忧国忧民之心难止，如今大道不行，仁义不施，战乱不止，国乱不治，在短暂的人生里，不能于世有功，于民有为，这才让我悲伤啊！"

老子笑着指了指那浊浪奔腾的黄河之水，对孔子说道："为何不学习这水的德行呢？"

孔子不解。老子解释道："上善若水。水善利万物而不争，处众人之所恶，故几于道。居善地，心善渊，与善仁，言善信，正善治，事善能，动善时。夫唯不争，故无尤。"

孔子希望有为于世，老子却推崇无为而治。

善的最高境界是如水一般，它润泽万物却不与万物争锋，反而处身于众人都不喜欢的地方。众人都想往上，水却往低处，众人都选择容易，水却处于险地，众人都想在洁净的地方，水却处于污浊处，这便是它谦下的德行，近于"道"。"道"无所不在，水无所不利，避高趋下，就像江河湖海，正因为它们"以其善下之"，才能成为百谷王者。水的处身之地都是别人讨厌的地方，那还会有谁跟它争呢？因此，普天之下最柔弱的东西莫过于水，但攻击力再强的东西也无法战胜它。

圣者会审时，贤者会应变，智者无为而治，达者顺天而生。上善若水，是居住善于选择地方，心胸如深渊一般沉默冷静，为人处世保持仁义友爱之心，付出不求回报，说出口的话都言之有信，治理政务能正直当，做事能够发挥自己的能力优势，行动善于选择和把握最好时机。正因为它不争不抢，也就没有过失和怨恨。

很多时候，人们的烦恼就来源于非要与人争个输赢，在言语上争谁对谁错，在名利上争谁得到得多谁得到得少，在感情上争谁付出得多谁付出得少，争来争去，把心情搞得一团糟，人生变得紧张焦虑烦闷不安，反而离幸福和快乐越来越远。

"上善若水"在后世成为很多人的座右铭，众人纷纷请名家书写此四字悬挂于厅堂，但真正能理解和做到的又有几个呢？

（4）

老子说："持而盈之，不如其已。揣而锐之，不可长保。金玉满堂，莫之能守。富贵而骄，自遗其咎。功成身退，天之道。"

当我们手里拿着容器，不停往里装东西要装满时，要适时停下来。一个人不应该太显露锋芒,刀若是磨得太锐利是无法长久保持的。假若家里金玉满堂、财富太多,是无法将之守藏的。如果因为自身富贵而变得态度骄横,那是在给自己埋下祸根。一个人应该有功成身退的觉悟,这才合乎"道"的规律。

老子用短短几句话,就告诉了我们"度"的重要性。在顺境之中,人们常常容易忘乎所以,可是太过骄横,是会给自己带来祸害的。"树大招风""枪打出头鸟""人怕出名猪怕壮",这些俗语都说明了同一个道理。做人,应懂得含蓄收敛,不该尖锐骄奢;做事,应该符合自然规律,不能盈满自得。

财富就像是过眼云烟,生不带来,死不带去,无论一个人

的家庭是多么富裕，这些财富也不可能永远跟随着。民间有说法，"穷不过三代""富不过三代"。在对待外物的态度上，我们应当通透洒脱些，这种通透是明白了外物不值得贪恋，凡事应适可而止。

因此，我们要懂得在适当的时候功成身退。天道循环，任何事物都有着自身的规律，就像月盈之后必然开始月缺，太过刚硬必然容易折断，阴阳交替、四季轮回，都不受人为的影响。适时停止，乃至"舍弃"，是一种人生大智慧。不执着于外在的功名利禄，懂得在合适的时机里抽身退场，正是顺境之"道"，也是符合自然规律的"大道"。

《道德经》的"道"被称为"众妙之门"，是在"德"的基础上的升华。这部经典典籍以极为精炼的语句，将珍贵的人生智慧传递下来，成为世世代代人们修行的引路明灯，值得每个人细细品读，深入思考。

一生坎坷为"大道"

——先秦·孔子的弟子及其再传弟子《论语·长沮桀溺耦而耕》

长沮、桀溺耦而耕。孔子过之,使子路问津焉。长沮曰:"夫执舆者为谁?"子路曰:"为孔丘。"曰:"是鲁孔丘与?"曰:"是也。"曰:"是知津矣!"

问于桀溺。桀溺曰:"子为谁?"曰:"为仲由。"曰:"是鲁孔丘之徒与?"对曰:"然。"曰:"滔滔者,天下皆是也,而谁以易之?且而与其从辟人之士也,岂若从辟世之士哉?"耰而不辍。

子路行以告,夫子怃然曰:"鸟兽不可与同群,吾非斯人之徒与而谁与?天下有道,丘不与易也。"

（1）

他是小妾之子。

在父亲叔梁纥病逝后，他和母亲不受待见，被叔梁纥的正妻视若眼中钉，驱逐出家门。母子俩只得回到曲阜，干着粗活、累活，勉强维生。

自幼，他便过着清贫的生活，却并没有沉沦于生活的艰难。时至十五岁，他已下定决心要做学问，不仅学生活的本领，也思索国家及自己小家的一系列问题。

二十岁后，他非常关注天下大事，开始有着自己的见解和认知，形成为人处世的哲思与治国安民的主张，并开创了私塾进行教学，一生之中，有弟子三千，贤者七十二人。

三十岁左右，他已有所成就。公元前522年，齐景公到鲁国访问，两人有缘结识。

他，就是儒家学派创始人，中国古代伟大的思想家、政治家、教育家——孔子。

尽管孔子在后世被奉为至圣先师，他的一生却非常曲折。

在鲁国发生内乱时，他曾逃离到齐国。当时，齐景公将他奉为上宾，经常向他问政。可是，没过几年，孔子便遭人加害，齐景公无法护佑，他只得匆匆逃返鲁国。

直至四十岁之后，孔子才走上仕途。在鲁国从政期间，孔子为改变朝廷政权的黑暗局面，想要削弱三桓（季孙氏、叔孙氏、孟孙氏三家世卿）的权势，在交锋的过程中，积聚起越来越多的矛盾。

后来，季桓子沉迷声色歌舞，不理国事，让孔子非常失望，两人出现不合。孔子的治国理念在鲁国无法进行，不得已之下，他开始带领众弟子周游列国。

从鲁国到卫国，历经曹国、宋国、郑国至陈国，孔子与弟子的行程中一路充满艰险，既遭受过谗言迫害，也遇到过叛乱围困，曹国并不待见他，宋国司马更是公开扬言对孔子的讨厌之心，他几次被困，几近丧生。

六十岁之后，孔子依然在路上。他从陈国到蔡国再到叶国，颠沛流离，形容枯槁，与弟子失散时，被嘲笑颓丧之模样如同丧家犬。

他与叶国君主叶公论政，讨论正直与道德；在卫国提出主张，治国理政要先正名。直到六十八岁，才在弟子冉求的帮助下回到鲁国，结束十四年的周游历程。

（2）

长路漫漫，道难且阻。

公元前496年，孔子带领学生离开鲁国来到卫国，开始了周游列国的游学之旅。他们经过一座又一座城镇、村庄，四处奔波，宣传救世主张。

这天，走出村子后，太阳已经升起，明晃晃地在头顶发出一片白光。面对阡陌交错的田地，孔子与子路一时无法辨别方向。

不远处，一个高个子和一个身材健壮的人正在并肩耕田，他们的小腿浸在潮湿的泥沼之中，忙碌着农事。

孔子停下马车，对子路说道："你去问问那两人，看渡口是在哪个方向？"

子路应声而去，立足田边作揖行礼后，向二人问路。

高个子的人抬头看了看，指着马车反问道："那个手持缰绳的驾车之人是谁？"

子路答道："是孔丘。"

高个子又问："是鲁国的孔丘吗？"

子路点头称是。

不料，高个子却发出一声嗤笑，说道："既然是鼎鼎有名的孔丘，周游列国之士，有大学问之人，他自然知道渡口在哪里，还需要问人吗？"

子路无奈，只得转身问旁边那位健壮的男子。

健壮男子反问道："你是谁？"

子路答道："我是仲由。"

健壮男子又问："是鲁国孔丘的弟子吗？"

子路点头称是。

结果，健壮男子摇了摇头，说："孔丘不是说'危邦不入，乱邦不居'吗？而今天下混乱纷争，如滔滔洪水，谁能够改变这样的时局？你啊，与其跟随他这种'辟人之士'，倒不如跟随我们这些逃避乱世的隐居之人，倒还能自得其乐，不必烦心。"

说完，接着继续耕田，不再搭理子路。

问路未果，子路只好返回马车旁，将方才的对话告诉孔子。

孔子听罢，怅然长叹道："道不同不相为谋。既然我们无法隐居山林跟鸟兽为伴，若是不与天下人共处，又能和谁同病相连呢？假若天下太平，社会大同，我也就不需要做这些试图改变现实的事情了。"

那时候，周王朝的统治已是名存实亡，各国诸侯战乱不断，孔子出生的鲁国有着深厚的西周宗法礼制传统，他见天下王道衰微、礼义废弃，各阶层的人都陷入了信念丧失的境地，内心感慨而悲伤。

有天，他与弟子南宫敬叔一起去拜见老子。

老子欣然，问孔子："这些年下来，你已经得道了吧？"

孔子惆怅摇头，面目愁苦。

老子见状，哈哈大笑道："道，如果是个器物，早被人拿着去进献君王，送给亲朋好友了；如果能说得清楚，早就被传给儿孙后代、亲人朋友了。"

孔子叹了口气，眼里全是无奈。他说："我研究六艺和典籍，尧舜禹治国之道，周公、召公等先王经验，拜见了七十多个国君，讲述政治方略和治国理想，但却没有一个人采用我的主张。人们真的是各有心思，很难接受异见啊！"

（3）

晚年时，孔子修订了《诗》《书》《礼》《乐》《易》《春秋》六经，成为儒家经典著作的《论语》却并非孔子所书，而是他去世之后，由弟子和再传弟子整理出他和弟子之间的言谈及思想，编写而成的。

他的道德学说以"仁""礼"为核心，崇尚性善论。在做人方面，他提倡宽厚温和、真诚善良；在治国方面，他主张施行德政，礼义教化。这一思想成为后世社会代代相传的精神指导和建立礼制的基础。

2021年，央视出品的大型文化节目《典籍里的中国》第五期《论语》，以舞台剧演绎了孔子和弟子之间的故事，在穿越时空的对话中，让人几度潸然泪下。

大道隐没、天下为家的小康社会，人人举贤推能，有着仁义礼信的伦理道德和完善的典章制度，是孔子一直追寻的社会。

在他的心里，描绘了一个理想邦的形象。那是能够"老吾老以及人之老，幼吾幼以及人之幼"的社会，是天下一家亲，彼此相爱、相互关怀，可以夜不闭户、路不拾遗，是人人都能够得到良好成长，发挥自己的作用，是"矜寡孤独废疾者皆有所养"的大同社会。

然而，在追寻理想的过程中，他却时常遭遇讽刺与讥笑，举步维艰。

《论语》在后世被世界各国奉为经典，美国诗人、哲学家、思想家爱默生说："孔子是中国文化的中心，孔子是全世界各民族的光荣。"日本学者井上靖说："孔子不仅是中国文化的先哲，而且是全人类的老师。"英国科学史学家李约瑟说："孔子是无冕皇帝。"法国启蒙思想家、文学家、哲学家伏尔泰的书房里一直挂着孔子的画像，他深受孔子思想的启发。

孔子一生"重义轻利"，视富贵如浮云；他"节用而爱人"，反对奢侈浪费；他"有教无类""因材施教"，让教育实现平等；他主张"学而优则仕"，认为教育应该培养治国理政的君子；他追求真实，反对没有根据的妄言；他推崇诗意修身，礼乐兼备，美善一体。

在《论语》中的小故事与简短的对话之中，我们可以读到孔子及其弟子的思想和理念，读到中华文化的智慧和气韵，从社会政治到教育原则，从道德伦理到价值观念，从文学哲学到立身处世，篇篇形象生动，语言浅近易懂，内在却用意深远。儒学的思想由此深入人心，成为中华民族一笔宝贵的财富。

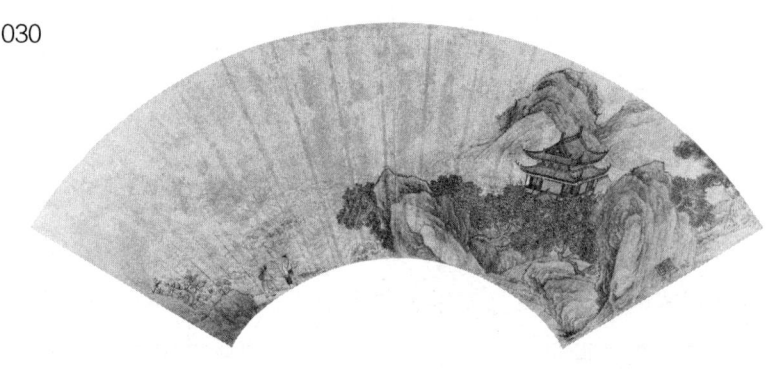

枉己者，非君子

——先秦·孟子《孟子·滕文公下》（节选）

陈代曰："不见诸侯，宜若小然；今一见之，大则以王，小则以霸。且《志》曰：'枉尺而直寻。'宜若可为也。"

孟子曰："昔齐景公田，招虞人以旌，不至，将杀之。志士不忘在沟壑，勇士不忘丧其元。孔子奚取焉？取非其招不往也。如不待其招而往，何哉？且夫枉尺而直寻者，以利言也。如以利，则枉寻直尺而利，亦可为与？昔者赵简子使王良与嬖奚乘，终日而不获一禽。嬖奚反命曰：'天下之贱工也。'或以告王良。良曰：'请复之。'强而后可，一朝而获十禽。嬖奚反命曰：'天下之良工也。'简子曰：'我使掌与女乘。'谓王良。良不可，曰：'吾为之范我驰驱，终日不获一；为之诡遇，一朝而获十。《诗》云："不失其驰，舍矢如破。"我不贯与小人乘，请辞。'御者且羞与射者比。比而得禽兽，虽若丘陵，弗为也。如枉道而从彼，何也？且子过矣，枉己者，未有能直人者也。"

（1）

春秋战国时期，思想界掀起一股"百家争鸣"的风潮，各家学派见世间万象，争相抛出自己的观点，众多读书人四处游说，宣扬自己信奉的学派思想。

墨家主张"兼爱""非攻"，推行极端利他主义的伦理观和"尚贤""节用"的理念；杨朱学派讲究"贵己"，主张"人人不损一毫，人人不利天下"；纵横派的学说在于对人性的洞察利用和权谋术；儒家则推崇"仁爱""仁政"，认为"民为贵，社稷次之，君为轻"。各有各的说法，观点不尽相同。

一天，陈代与孟子聊天。

陈代说："不去谒见诸侯，似乎也太过拘泥于小节了吧。如今，只要去拜见一次诸侯，大则可以实施仁政于天下，统治各国，小则可以称霸诸侯。况且，《志》书上也说：'弯曲着一尺长的，伸直开来有八尺长。'似乎这么做也没什么不可以的吧。"

听罢陈代所言，孟子给他讲了个故事："从前有一回，齐景公要去打猎，就命人用旗旗召唤掌管山泽田猎的小官员，那小官员见召唤的方式不合规矩，置之不理。这让齐景公很生气，想要杀了他，猎场小官员却一点儿也不怕。有志之士坚守自己的节气，不怕被弃尸山沟，勇敢之士不怕掉脑袋。这个小官员的行为得到了孔子的称赞，那么，孔子又是看重他的哪一点呢？就是他注重规矩礼仪。因为召唤的方式不对，就算面对的是皇帝，他也有宁死不去的精神。由此来看，如果不等诸侯的召见就自己贸然上门，这又是为了什么呢？何况，你所说的'弯曲着一尺长，伸直开来八尺长'，完全是从利益的角度来考虑。如果只讲利益的话，那就算是弯曲着八尺长，伸直开来一尺，只要有小利可图，也可以去干吗？"

孟子接着说："再给你讲个故事吧！从前，赵简子宠爱一名叫奚的小臣，有天，他命王良驾车陪奚去打猎，两人跑了一整天，也没有打到一只猎物。奚回去之后，向赵简子汇报说：'这个王良真是天底下最不会驾车的人！'有人把奚所说的话告诉了王良。王良便对奚说：'请让我再为您驾一次车。'奚勉勉强强同意，谁曾料到，这次出行收获满满，仅一早上的工夫就打了十只猎物。奚回去后，再次向赵简子报告：'这个王良真是天底下最会驾车的人！'赵简子说：'那我就让他专门给你驾车吧。'于是，赵简子去征求王良的意见，王良却拒绝了这份差事。他说：'我按驾车的规矩为他服务，他一整天都打不到一只猎物；违背规矩为他驾车，他却一个清晨就打了十只猎物。《诗经》上说："即使按照规矩驾车，也能一箭中的。"我不习惯为小人驾车，请求让我辞去这个差事。'你看，王良只是一个驾车的人，他都羞于与不好的射猎者为伍，就算他们合作能打到堆积如山的猎物，他也不肯干。如果扭曲自己的本心和思想去追随诸侯权贵，那又成了什么人？况且，你的看法是错误的：自己不正直的人，从来都不可能让别人正直。"

(2)

孟子是非常讲究礼仪规矩的，在他看来，人性本善，之所以出现不善的行为，都是受了私欲的蒙蔽，忘记了内在的自觉之心。

如果人们为了利益而失了规矩，那么，正直的价值体系就会崩塌，社会也无法良性运作。

关于"不见诸侯"的道理，后来，公孙王也询问过孟子。

孟子回答道："在古代，如果一个人不是诸侯的臣子便不会去谒见。以前发生过这样几件事，魏文侯去看段干木时，段干木为了躲避他，选择跳墙而逃；鲁穆公去看泄柳时，泄柳紧闭大门不予接待。这些做法未免有些过分了，在迫不得已的时候，还是可以见面的。但是有种情况不同，比如阳货想要孔子去见他，又怕别人说他失礼，他便想了个法子，趁孔子不在家的时候送了只蒸好的乳猪去。按照礼仪规矩，如果大夫对士人有所赏赐，士人没有在家亲自接受并拜谢的话，就要上门去大夫家行答谢之礼。谁知道，孔子也效仿他的做法，打听到他不在家的时候，专程前去拜谢。你看，如果阳货当时能够真心诚意地前去看望孔子，孔子又怎么会不见他？"

孟子引用孔子二弟子的话,继续说道:"曾子说过,缩头耸肩地对着人,做出一副谄媚讨好的笑脸,真是比在烈日暴晒的天气里去菜地浇粪更令人难受!子路也曾说:'明明内心不愿意和某人谈话,却还要勉强自己去应付交谈,看起来又是一副惭愧脸红的样子,我是无法理解这种人的。'由此就可以看出,君子到底应该怎么做,才能修养自己的品行。"

那么,君子要如何做才能修养自己的品行呢?

在孟子看来,做人应该存在仁爱的思想,无论你的身份是君王还是百姓,无论你身处怎样的境地,都应该有仁爱之心,这是让整个社会和谐安定的前提。

在与人相处的时候,要有一份恭敬之心和谦和的态度。如果遇到问题,首先应该反省自身,别人对自己态度不好、不亲近、不信任,是不是由于自己的内心不够真诚,言行举止不

够合乎礼仪？或者，又是不是过于突显自己，太过强势却缺乏智慧？

如果每个人都能够从自身出发，以真诚和恭敬之心去对待他人，彼此之间相互尊重，用自己的仁爱与德行去获得别人的认可，人与人之间的误会和矛盾自然会化解。唯有以德服人，才能让人真的心悦诚服。

（3）

孟子是继孔子之后的儒家学派代表人物，他继承了孔子的"道统"思想，宣扬仁政，与孔子被后世并称为"孔孟"。

孔子五十五岁开始周游列国，走了十四年，六十八岁才回到鲁国。孟子所在的时期，诸侯国之间战争不断，各学派思想家都为了实现政治主张而四处游说，孟子也不例外，他在四十五岁之前便开始率众弟子出行，希望能将儒家的治国理念推行于天下，这一走就走了二十多年。

在游历的过程中，他与齐威王、宋国公子偃、邹穆公、滕文公、梁惠王、梁襄王等君王都有交集，虽然时常被奉为座上宾，受到各国的厚待，但却没有一个君王接受他的政治主张。

在政治理想破灭后，孟子也与孔子一样，在晚年回到故乡，开私塾讲学，著书立说。

《孟子》为孟子和他的弟子所著，记录了孟子的政治主张、伦理道德、教育思想和哲学思考等，这本书与《大学》

《中庸》《论语》一道,被南宋朱熹列为"四书",成为儒家的经典著作。

古代先哲们早已为我们理清了许多人生哲思。

当遇见需要抉择的路口时,孟子说,如果生命和正义只能选择一样,那我只能舍弃生命选择正义;当遇见名利诱惑时,孟子说,不畏强权、不被诱惑,才是真正拥有高尚的品格;当感到无能为力时,孟子说,在没有改变天下的能力时,先修身做好自己;当在顺境里得意扬扬时,孟子说,沉溺于享乐就等于自取灭亡,走出舒适圈才能获得成就和发展;当感到困难重重时,孟子说,这是因为上天要给予你重任,使你具备原来所没有的才能。

他告诉我们,百姓是社会之中最重要的,无论改朝换代多少次,百姓依然长存;他用简练浅白的话语告诉我们,和睦是最重要的,人是成功的第一要素;他说,要尊敬所有老人,爱护所有孩子;他让我们充满自信地为自己而活,也为天下而活。

爱人之心,恻隐之心,善恶之心,是非之心,辞让之心,都是孟子留给后世的肺腑之言,真诚之心。

心与物游

——先秦·庄周《齐物论·庄周梦蝶》

昔者庄周梦为胡蝶，栩栩然胡蝶也，自喻适志与，不知周也。俄然觉，则蘧蘧然周也。不知周之梦为胡蝶与，胡蝶之梦为周与？周与胡蝶，则必有分矣。此之谓物化。

（1）

这天，庄周沿着溪水边的小道步行，徐徐清风迎面，草木间暗香盈动，窸窣作响的树叶吹来一阵清新，顿时让整个人都舒爽起来。

只见山间空地茵茵绿草如垫，倚风而歇，闻香入眠，好不惬意！

仰头望去，见蓝天映照着山林，悠悠白云慵懒地飘动着，时而被日光镶上金边，时而给大树戴上一顶奇形怪状的帽子。

不知不觉间，庄周感到身体变得轻盈而柔软起来，一阵微风拂过，如有神力，他想要捕捉住那阵风，竟发觉自己变成了一只蝴蝶，随着双翅上下振动，被一股气流托至半空。

此时，草地已在身下，原本低矮的纤细花枝遮挡住视线，他展开双翅，乘风而行，忽高忽低地穿梭在花丛中，不时停留在一片柔软的花瓣上，啜饮一小口花蜜。

他快活地四处飞舞，从溪水上掠过，翩翩跃上枝头，与树林里的小鸟打个招呼。这种感觉真是太快乐了，身体轻盈得就像云朵一般，他已然忘记了自己原本的样子，似乎生来就是一只美丽而自在的蝴蝶。

忽然，一片树叶掉落在脸上，庄周醒了过来。

他环顾四周，赶紧动了动翅膀，想确认自己有没有受伤，这才发现，自己并不是一只坠入草地的蝴蝶，而是作为人的庄周，四肢健全，毫发无伤。

溪水依旧在身边淙淙流淌，树木花草也还是原本的模样。可是，方才睡梦中那自由自在飞舞的感受还很清晰。

他将脸上的树叶拂开，呆坐在草地上，一时之间有些迷惑。到底是庄周入梦成了蝴蝶，还是蝴蝶入梦变成了庄周？

庄周与蝴蝶显然是两类物种，有着天壤之别，可是，他的感知却如此真实，真实到已经分不清楚梦境与现实。物我合一，不分彼此。

庄周笑道："大概这就是物化吧！"

（2）

庄子是个特别有意思的人，一生不羁爱自由。

他就像是徜徉在河流里的一条鱼，翱翔在天空中的一只鸟，在大自然的怀抱里无拘无束地过着快活日子，没有羁绊，也没有畏惧。

他的内心里存在着一个绮丽有趣的想象世界，言语之间不落凡俗，似拥有天外之人的视角，俯视人间，一眼就看透现象背后的本质。

在庄子的价值观中，人应该打破规训和制度的束缚，以豁达之心面对世间疾苦，以闲散之心欣赏造物之美，以此构建起内心的净土和自在的美好境界。

庄子的思想与老子一脉相承，他所说的"道"是天道，"天"代表着自然，人应该与世无争，和自然亲近融合，明白自己是大自然的一部分。因此，他认为，人为的一切都是"伪"，是与自然相背离的，所谓的人为规定与礼乐教化等，在庄子看来都是应该抛弃的东西，真正的人生追求应该是自然而然的，是内在不被污染和封锁的心灵。

庄子作为道家代表人物之一，反对后天教化形成的"自我意识"，那种将人与人、人与物隔离开来的观念，在他看来，都是引发矛盾的起源。正因为人们有了分别心，世间才有了层出不穷的纷争。

沉浮于世，历经战乱，让庄子对待生命有了不一样的认知。

他公然鄙视惠施大摆排场的行为；楚威王想聘请他做丞相，他拒绝不从；归自秦国的曹商摆阔炫富，被他讽刺得体无完肤；妻子去世时，他竟然鼓盆而歌。

一生之中，庄子超然物外，做出许多俗世之人无法理解的行动举动。在他心里，忘我，是"道我合一"的理想境界，"逍遥游"，是追寻生命自由的理想境界。

庄子的达观超越了现实世界，正如同《齐物论·庄周梦蝶》里所述，忘我之境如梦如幻，他似自由自在的蝴蝶翩翩起舞，连形体都可以不顾不要，哪里还会有什么受人间欲望所困的苦恼？

蝴蝶破茧成蝶，是卸下了封闭而沉重的外壳，才得以拥有蜕变的自由，正如庄子所推崇的人生观。

俗世之人所追求的金钱财富、名声地位，在庄子眼中都如同尘土，不值一提。大多数人一生抱持着出人头地的愿望，为了达到目的甚至不惜使用各种手段，为了追求所谓的"成功"费尽心机，可是，一生忙忙碌碌驰心外求，到最后却可能迷失了自我，忘却了本真。

庄子讲究"守静""致虚"，认为对待身外之物没有执着之心，就不会被物役，而拥有内心的宁静，才可能获得真正的自由。

（3）

人生之中，充满了变数。庄周可以变成蝴蝶，蝴蝶也可以化身庄周。

纵观世界文坛，卡夫卡也写异化，在他的代表作《变形记》里，主人公变成了一只甲虫，那沉重笨拙的外壳正如钳制和封锁着他的那些日常感受；马尔克斯也写现实魔幻主义，他笔下展现的是一个奇诡而迷离的世界，充满荒诞。

庄子却不同。他要变，要变成轻盈美丽的蝴蝶，挣脱一切束缚，快快乐乐地飞翔，自由自在地穿行于花草树木之间。

唐朝时，梁山伯与祝英台双双化蝶，终于突破封建社会的桎梏，获得理想的爱情；清朝时，曹雪芹写下《红楼梦》，一句"假作真时真亦假，无为有处有还无"，又何尝不是庄周梦蝶般的亦真亦幻？许多中国经典文学艺术作品都体现了"物我合一"的思想。

无论是艺术创作者还是文学作品里的主人公，他们观察事物，是放下所有的认知与意识，用心去感受事物的一切。一花一世界，一叶一菩提，自然万物有灵且美，唯有真正与物合一，才能展现出它们原本的神韵。

尽管庄子遨游于世，似乎不受凡俗困扰，他推崇"无为"，却并非做个隐者，与世隔绝，反倒是如同一朵小花、一只鸟兽，拥有处身于世的悠然自得。

读庄子，不仅要有智慧的哲思，更要有审美的情趣。既然人生无常，年华易逝，又何必整日里战战兢兢、如履薄冰？既然人生如梦，到头来一切皆空，又何必为了追求名声富贵而让自己陷入身心俱疲的境地？

浮生若梦，何尝不是对"庄周梦蝶"的另一种解读？在短暂的人世间，梦与醒，虚与实，实在是让人难以区分。

电影《楚门的世界》里，主人公一直生活在一个直播节目中，在发现端倪之前，那个虚拟世界对于他是无比真实的；《盗梦空间》演到最后，观众已经分不清电影里发生的一切到底是梦里还是梦外。

正如"道"是无形的，但又是真实存在的，"无"不是虚空无物，而是能够包容万象，因而，庄子不受形体躯壳的限制，他蔑视陈规旧俗，以戏谑自嘲的方式放飞内心，他洒脱自在，常常随口就说出充满哲思的语句。

在庄子看来，人与天地万物本来就是一体的，实在无须蝇营狗苟于自我、家庭、社会的成就。在有限的生命历程里，关注身边的一切，不被后天的认知和意志左右，才能真正达到心与物游的境界，这才是人生应有的追求。

苏世独立，受命不迁

——先秦·屈原《离骚》（节选）

众皆竞进以贪婪兮，凭不厌乎求索。
羌内恕己以量人兮，各兴心而嫉妒。
忽驰骛以追逐兮，非余心之所急。
老冉冉其将至兮，恐修名之不立。
朝饮木兰之坠露兮，夕餐秋菊之落英。
苟余情其信姱以练要兮，长顑颔亦何伤。
擥木根以结茝兮，贯薜荔之落蕊。
矫菌桂以纫蕙兮，索胡绳之纚纚。
謇吾法夫前修兮，非世俗之所服。
虽不周于今之人兮，愿依彭咸之遗则。
长太息以掩涕兮，哀民生之多艰。
余虽好修姱以鞿羁兮，謇朝谇而夕替。
既替余以蕙纕兮，又申之以揽茝。

亦余心之所善兮,虽九死其犹未悔。
怨灵修之浩荡兮,终不察夫民心。
众女嫉余之蛾眉兮,谣诼谓余以善淫。
固时俗之工巧兮,偭规矩而改错。
背绳墨以追曲兮,竞周容以为度。
忳郁邑余侘傺兮,吾独穷困乎此时也。
宁溘死以流亡兮,余不忍为此态也。
鸷鸟之不群兮,自前世而固然。
何方圜之能周兮,夫孰异道而相安?
屈心而抑志兮,忍尤而攘诟。
伏清白以死直兮,固前圣之所厚。

(1)

清晨,天边朝霞初现,雾气尚未消散。

春兰上凝结着纯净清澈的露水,我欣然取之饮之,感到一股甘甜瞬间沁入心脾,整个人都神清气爽起来。

这座花园不分四季,永远开满不败的鲜花。草木葳蕤,向阳而生,充满了生命的活力。

我就这么自由自在地闲逛着,采了木兰根搭配白芷,又摘下木莲花,编织成美丽的花环。我坐在小溪旁,听着水流的声音,将一种名为胡绳的香草搓成充满芳香的绳索,又采来菌桂和蕙草,两相结成串。

林间影影绰绰,风声鸟鸣,草木的芳香被我佩戴在身上,轻移脚步,就连风也都带着丝丝宜人的香气,萦绕四周。

从白昼直到傍晚,秋菊盛放而凋,我捡拾起那一片片金色的花瓣,放进嘴里仔细咀嚼。闭上眼,似寒冬飘雪、春雨喜人、夏日当空、秋高气爽,这是它走过的一生。

常年饮晨露,食落英,让我身材消瘦无比,但这又有何不可?纯净的露水与花瓣,让我感到身体洁净而灵魂轻盈。

四周有许多女子走来走去,她们对我的装扮指指点点,议论纷纷。不必抬头,我已看见她们投来猜忌的眼神,但这并不能阻止我游荡在自己的花园里。

"亦余心之所善兮,虽九死其犹未悔。"为了自己真心所爱的一切美好,就算让我死多次也绝不后悔。

（2）

那是一个平常的早晨,我仔细整理好自己的着装,每一寸褶皱都妥帖地安放在它应该在的位置,芬芳的蕙草与白芷花蕊佩戴在身,这气息清新而令人愉悦。

走向朝廷的道路笔直宽阔,却容不下我的心也是如此周正笔直。早上进谏,晚上便被罢了官,我的人生,在一朝一夕间分裂成两半。

作为一个个体,我本爱整洁与芳香,却不料,只是守护着自己的内心净土,也会遭受到他人无端的猜疑与嫉妒。如果采摘花蕊、佩戴香草也是一种罪过,我只能为这人生的艰难发出一声喟叹。

　　这世上蝇营狗苟的人们那么多,他们是受了贪婪的驱使,一步步走向黑暗的深渊。那些闪耀着光芒的黑色,是潮湿的沼泽在反光,但追逐名利的人们却看不清真相,熙熙攘攘、推推搡搡,一个个掉落到钻营利禄的泥潭里。

　　难道人的本质不应该是洁净、善良的吗?我因着装与众人不同,便成了奇装异服的另类,受到大家的排挤;因遵从自然规矩和纯洁的本性,不肯媚俗,便遭受到诽谤和连累。

　　楚王怎么会如此糊涂?听信谗言,不见忠良。我苦心一片为国效力,却得不到信任,反被冤枉驱逐。

　　"鸷鸟之不群兮","何方圜之能周兮",自古以来,雄鹰就不会与雀鸟群飞,方与圆本质不同,自然无法契合。朝廷中,蛇鼠之辈横行,我实在无法与他们同行,亦不甘就此堕落,哪怕内心有再多的委屈、羞耻,我也只能压抑着自己的愤懑与悲伤,远离这污浊。

　　失意与忧伤的情绪包围着四周,如同滚滚乌云压在头顶。我如此孤独地游荡着,在流言蜚语中越走越远,少年渐渐老去。

　　古今圣贤的谆谆教诲如雷贯耳,保持自己的清白节操是正义之士永存的信念。哪怕潦倒地离开,我也无法违背内心向往的美好。

　　既然这朝廷上没有同道中人,我又不愿与他们同流合污,倒不如效仿彭咸这位先贤，投江顺流而下，以死明志。

（3）

屈原生于战国中晚期的楚国，那时候，春秋时期的一众小国在长年累月的战争中被兼并，形成了齐、楚、燕、韩、赵、魏、秦"战国七雄"对峙的局面，秦国和楚国是当时综合国力最强大的国家。

据史料记载，屈原的一生大起大落，充满传奇色彩。

他在贵族家庭长大，与楚怀王是儿时伙伴，从小就立志要辅佐君王。楚怀王成为君主后，他曾经"入则与王图议国事，以出号令；出则接遇宾客，应对诸侯"。可谓一人之下万人之上，因为才干出众，又能举贤授能，楚怀王对他非常信任。

然而，当时楚国的改革派和保守派斗争激烈，屈原改革朝政，必然会触碰到保守派那些旧贵族的利益。与他同为高官的上官大夫本就嫉妒他的才能，又因为被损害了既得利益而怀恨在心，屡次向怀王诽谤屈原，进谗谗言，导致怀王疏远了屈原，他被贬为三闾大夫，掌管宗庙祭祀和王室子弟的教育。

在政治遭遇上，屈原可谓挫折连连。

他一向对外主张联齐抗秦，公元前304年，他因进谏反对怀王与秦国联合而导致被流放到汉北。五年后，秦国再度攻打楚国，此时，屈原才重新被启用。

当时，秦昭王以联姻关系要求与怀王见面，屈原坚持联齐抗秦，劝说怀王千万不可轻信敌言，妄入虎穴。然而，怀王的小儿子子兰却不愿跟秦国断交，劝怀王入秦，最终导致怀王客死他乡。这让屈原非常悲痛，言辞之间颇有抱怨。子兰听到后恼羞成怒，挑唆上官大夫在顷襄王那儿诋毁屈原，顷襄王大怒，公元前296年，屈原被流放到江南。

一生清白为国效忠，却落得频频被放逐的下场，这让屈原带着失意与痛苦写下了空前绝后的新体式长篇抒情诗歌《离

骚》，他问天、问地、问人，大胆求索。

在那个黑暗腐败的环境之中，奸邪当道，旧贵族的生活奢靡腐烂，朝廷之上满是贪欲无限的蛆虫，屈原内心的忧苦只能化作字里行间的声声叹息。

他坚持着内心的理想与信念，想要修明法度，让国家恢复到健康的法治，却举步维艰，敌不过现实的残酷；他想要以肺腑之言让君王清醒于世，拼死挽救濒临覆灭的家国，却屡遭陷害和打击。

屈原本是朝廷重臣，在与邪恶的斗争中，他像个视死如归的英雄战士般无所畏惧，为正义而拼搏抗争。内心里，他却像个孩子一样单纯无邪，不但喜爱穿着突破常规的服饰，而且有着瑰丽无比的想象力。

在《离骚》这首诗中，他以香草美人为意象，以男女恋情比喻君臣关系，以浓郁的情感表达着隽永深刻的思想，写下了自己的身世与经历，也反映了当时楚国的命运，表达了对黎民百姓的关切，既有着对现实清醒理智的痛苦，也有着勇于探索真理、对祖国和理想忠贞的精神。

尽管每天要承担着繁重的政务，面临着暗黑的迫害，屈原的文字里却充满浪漫和感性的色彩。怀抱着政治理想，却是天生的诗人，无心之中，他创作出了名垂千古的文学作品，成为楚辞的开创者。

《离骚》全诗结构宏伟，构思奇特，大量的神话与意象使之在文字里上天入地，天界与人间、神话与传说、宗教与民俗等等交织融会，用浓墨重彩泼出一幅幅极具艺术张力的画面，令人震撼，诗意而华丽的语言背后，是字字血泪的情感与至死不渝的爱国热情。

他高唱着"路漫漫其修远兮，吾将上下而求索"，呕心沥血为君王谏真言，与腐败集团势不两立。尽管最终的结局让人唏嘘，但屈原的家国情怀与《离骚》的艺术成就必将永世流传。

为臣事君,忠心为国

——先秦·左丘明《左传·蹇叔哭师》

冬,晋文公卒。庚辰,将殡于曲沃。出绛,柩有声如牛。卜偃使大夫拜曰:"君命大事,将有西师过轶我,击之,必大捷焉。"

杞子自郑使告于秦曰:"郑人使我掌其北门之管,若潜师以来,国可得也。"穆公访诸蹇叔。蹇叔曰:"劳师以袭远,非所闻也。师劳力竭,远主备之,无乃不可乎?师之所为,郑必知之。勤而无所,必有悖心。且行千里,其谁不知?"公辞焉。召孟明、西乞、白乙,使出师于东门之外。蹇叔哭之曰:"孟子!吾见师之出而不见其入也。"公使谓之曰:"尔何知!中寿,尔墓之木拱矣!"

蹇叔之子与师,哭而送之曰:"晋人御师必于殽,殽有二陵焉。其南陵,夏后皋之墓也;其北陵,文王之所辟风雨也。必死是间,余收尔骨焉!"秦师遂东。

（1）

十二月十日，这天出奇地冷，刺骨寒风卷起白皑皑的雪花，在半空中肆意旋转、飞舞。

街道上安静极了，只听见众人有节奏的脚步声，咔嚓，咔嚓，一具黑色的灵柩随着这节奏轻微地上下起伏，朝着曲沃所在的方向前行。

远远望去，漫天雪花之间，像是有谁在划着一道黑色线条，这线条庄严且神圣。

灵柩内躺着的，正是晋文公。

晋文公乃堂堂春秋五霸之一，文治武功，功绩卓越。

只是，再贤明的君主也抵不过岁月，终究还是有离开人世的一天。送葬的队伍沉默而缓慢地移动着，雪花一片片飘落在黑色棺木上，轻柔，温和。

晋国霸业长达百年，如今他寿终正寝，应该也能得到安息了吧！

队伍走出晋国都城绛城的大门时，棺木里忽然发出哞哞的声音，如同牛叫。这突如其来的声响打破了原先的寂静，显得尤其响亮刺耳。

众人受到惊扰，一时间有些慌乱，卜官郭偃赶紧站到队伍前方，组织随行送葬的大夫们朝棺木跪拜，并宣称道："君主这是要发布军事命令了，在不久的将来，西边会有军队越过我们的国境,我们攻击他们,一定会大获全胜。"

与此同时,秦国大夫杞子从郑国找来信使,令他向秦国秘密通报,说:"郑国人已将国都北门的钥匙交给我掌管,秦国可悄悄派军队前来,到时我便里应外合打开城门,神不知鬼不觉,就可以占领他们的都城。"

秦穆公收到信使的消息后,非常激动,立即找来有经验的老臣蹇叔征求意见,问他如何看待此事。

蹇叔听罢,眉宇之间浮现一丝忧虑,说道:"君王万万不可。让军队千里迢迢地去偷袭位于远方的国家,这种事我从来就没听说过。你想,一路上翻山越岭,长途跋涉,将士们抵达战场时已筋疲力尽,远方国家的君主对城门疆土肯定有所防备,这样恐怕不妥吧?再说,军队阵势浩大,在路上行军那么久,天下人都知道了,又怎么可能去偷袭?"

秦穆公眉头紧蹙,没想到蹇叔的思想这样腐朽陈旧,城门大开的机会千载难逢,怎么能错过?于是,秦穆公对他的话置之不理,又立刻召见了孟明、西乞和白乙三位将领,让他们率军队从东门外出兵。

蹇叔知道此事后,忧心忡忡,哭着说:"孟明,我将看着军队出发,却看不见军队回来了!"

这一举动引起了秦穆公的不满。他恼羞成怒,派人对蹇叔说:"你知道什么?年老昏聩,不知所谓。要是你只活到中寿,早就死了多年,坟上的树都有两手合抱那么粗壮了!"

君王执意而为,蹇叔也无能为力,听着这些恶毒的刺耳之言,只得深深叹息。

蹇叔的儿子也在此次征战的秦国军队中,他按捺着内心的悲恸,明明知道此行没有归途,却只能流着泪给儿子送行。

他说:"晋国人一定会在崤山等着袭击我们的军队。这趟征程路途遥远,你们必将经过崤山,那里有两座山峦,南面的山峦有夏王皋的墓穴,北面的山峦是古时周文王躲避风雨的地方,不久之后,你们就会战死在这两座山峦之间,我会去那里为你收拾尸骨。"

秦国的军队向东方出征了。

(2)

蹇叔一生忠诚,辅佐秦穆公成就霸业,位列"春秋五霸"之一。

他生性淡泊,对世间名利毫无兴趣,倒是喜欢过简朴归真的乡村生活。

春耕秋收,依时而作,忙时务农,闲时饮茶,跟邻里乡亲们一起上山下田,观山听泉,这样的悠然自得才是他所心仪的。在山林田野之间,感受大自然的诗意,怀着对未来的希望,充满热情地生活。如此与世无争的一个人,为什么会成为秦穆公的上大夫呢?

说来有趣,从古至今入仕之人,要么是心怀政治理想,要么是为了获得名望与荣华富贵，总归是有所追求的，但蹇叔不同，他虽然学识渊博，有着雄才大略，却低调做人，他不是争名逐利的世俗之人，为官的缘由竟是朋友百里奚。

到秦国之后，他与朋友百里奚成为秦穆公的左膀右臂，为国家治理献计献策，让秦国建立起辉煌的功绩。

在这篇《左传·蹇叔哭师》中，讲述了公元前628年，秦穆公安排在郑国的间谍送来密信，他收到消息后，准备出兵郑国，与间谍里应外合夺取郑国都城的事。

当时，蹇叔已经年老，但依旧充满睿智。他一谏秦穆公，远途行军攻击他国是下策，自己兵马劳累，他国以逸待劳，战斗力完全不匹配，败局可见；此外，千里行军哪有不走漏风声的？他国一定早有准备，偷袭根本是不可能的事。但秦穆公急于扩张，根本听不进意见，依然执意派将士率兵出征。

蹇叔为阻止悲剧的发生,哭师二谏秦穆公。他作为有勇有谋的军事家,经验与智慧并存,征战未始,就已经预料到惨败的结局,秦穆公不但不听,反倒对蹇叔一顿辱骂。

即便在这样的情况下,蹇叔还是尽最后的努力,在送别出征之师时,哭子三谏秦穆公。他详细分析秦国、晋国、郑国的情况,说出路途之中必定的险关,甚至预测到将士们将战死的地方,希望能以这样的方式将谏言传给秦穆公,打消他出兵的意图。

遗憾的是,如此忠心三谏都未能打动秦穆公。

秦军出征后,郑国很快得到情报,将秦国安插的间谍杞子拿下,并做好迎战准备。

同时,晋国也得到秦国远征的消息,大将先轸进谏晋襄公,说这是个好机会,于是,新登基的国君亲自挂帅,在地势险要的崤山排兵布阵,守株待兔等着秦军前来自投罗网。

果然不出蹇叔所料,秦军在崤山遭遇埋伏,进退维谷,三名大将全部被活捉,士兵们正是战死在了崤山的两座山峦之间。

(3)

历史不可重来,不知秦穆公在得知秦军惨败的消息时,是否会因为当初不听蹇叔的劝谏而感到后悔。

从《左传·蹇叔哭师》中，我们可以看见一位对国家无比忠诚的老臣形象。他遇事不慌，逻辑清晰，在预测到战事的结局时，拼尽全力想要进谏阻止，之后，又因阻止不了痛心而泣。

同时，我们也感受到他的深深无力感，就算再足智多谋，再料事如神，也只能遭受君王的无理谩骂，眼睁睁地看着儿子和将士们前去送死。

这篇短小的故事，将情节讲述得跌宕起伏，在事情的演变过程中，人物形象被塑造得立体而丰满。

一个满心忧虑的重臣，一个刚愎自用的君主，在两人直接或间接的交流中，读者也不免代入到情境之中，发出长长叹息。

赴死,也是一种对信仰的坚守

——先秦·左丘明《左传·哀公十五年》(节选)

闰月,良夫与大子入,舍于孔氏之外圃。昏,二人蒙衣而乘,寺人罗御,如孔氏。孔氏之老栾宁问之,称姻妾以告。遂入,适伯姬氏。既食,孔伯姬杖戈而先,大子与五人介,舆豭从之。迫孔悝于厕,强盟之,遂劫以登台。栾宁将饮酒,炙未熟,闻乱,使告季子。召获驾乘车,行爵食炙,奉卫侯辄来奔。季子将入,遇子羔将出,曰:"门已闭矣。"季子曰:"吾姑至焉。"子羔曰:"弗及,不践其难。"季子曰:"食焉,不辟其难。"子羔遂出。子路入,及门,公孙敢门焉,曰:"无入为也。"季子曰:"是公孙,求利焉而逃其难。由不然,利其禄,必救其患。"有使者出,乃入。曰:"大子焉用孔悝?虽杀之,必或继之。"且曰:"大子无勇,若燔台,半,必舍孔叔。"大子闻之,惧,下石乞、盂黡敌子路。以戈击之,断缨。子路曰:"君子死,冠不免。"结缨而死。孔子闻卫乱，曰："柴也其来，由也死矣。"

（1）

那是公元前480年的一天，历史早在之前便埋下伏笔。

当初，太子蒯聩与卫灵公的宠妃南子不合，预谋刺杀南子未遂，担心被报复，只得匆匆逃离，流亡到异国他乡。

此行匆匆，归国遥遥。

时间就在这远行的脚步中一点一滴流走，直至卫灵公驾崩，蒯聩的儿子辄登基为王。

可笑的是，长年流亡在外的蒯聩得知儿子被立为王，竟想要回国夺取皇位。于是，联系了亲姐姐伯姬。

伯姬本是嫁给大臣孔圉，并生下儿子孔悝。可是，孔圉去世后，她便与其侍卫浑良夫在一起。收到弟弟的消息后，三人秘密联络，布局谋反。

那年闰十二月，浑良夫带着蒯聩回到都城，躲藏在孔家外的菜圃里。待天黑之后，他们用头巾将脸包裹起来，乔装打扮一番，让寺人罗驾车来到孔家。

孔氏的家臣主管栾宁开门询问来者是谁，蒯聩随便说了个姻亲的名字，混进家中。他们与伯姬碰头，一起吃过饭后，伯姬忽然起身拿起戈走到前面，蒯聩和五个身着战甲的壮汉跟着，将孔悝团团围住，逼至墙角，强迫他发誓加入谋反团体。

说起来，辄和孔悝的遭遇实在是个惨剧，一个是亲生父亲、亲姑姑以及姑姑的情人共同谋反，要对他下手；一个是被母亲和亲舅舅绑架，胁迫他参与对自己表哥的篡位之事。

一时间，铁甲士兵、长矛短戈云集，群臣被召唤，篡位近在眼前。

当时，栾宁正在吃饭喝酒，肉还在火上没烤熟，听到动乱的消息后，他赶紧派人去通知孔悝的忠臣子路，一边将酒肉搬上车，协助卫出公逃往鲁国。

京城叛乱的消息很快传到子路的耳中，当时，子路已经六十多岁，听说主人遇难，什么也没想便驱车赶往京城去救援。

他性格一向忠直刚正，此刻内心更是火急火燎，恨不得立即出现在主人身旁。马蹄扬起滚滚尘土，向前方飞驰而去。

在赶往京城的路途之中，子路遇见了刚从城内逃出来的子羔。他俩同为孔子的弟子，但卫大夫子羔是与子路完全不同的性格，他见局势大乱，认为走为上计，子路却反其道而行，朝着火坑里奔去。

途中偶遇，子羔劝子路别去搅这趟浑水，他说："城门已经关上了。"

子路摇头道："我还是去看一下。"

子羔说，毕竟是别人的家事，更何况，卫出公也已被护送逃往鲁国，此时再去京城，怕是只会让自己遭遇灭顶之灾，实在不值。

不料，却被子路言辞反驳，"食君之禄，忠君之事"，他认为自己既然拿了俸禄就不能在主人有难的时候隔岸观火，自顾避难。

于是，两人分道扬镳。子羔逃离了灾难，子路却走进了历史。

当子路不顾阻拦冲进城门，赶往主人孔悝身边时，就已经决定将生死置之度外。

到达孔氏家，公孙敢守在大门口，说道："没用的，别进去做什么了。"

子路道："这就是你公孙，只想获得利益，有难的时候就逃跑。我子路不是这种人，既然拿了孔悝的俸禄，现在他遇难了，我就一定要救他。"

此时，恰巧有使者打开大门，子路趁机进入门内。

孔悝被胁迫着在卫台之上，一众将士阵列在前，局势相当紧张，箭在弦上，一触即发。这样的阵势，就凭单枪匹马的子路怎么敌得过？

可他丝毫不惧，大声对蒯聩说道："太子哪里用得着孔悝来协助谋反？就算你杀了他，也一定有别的人接替他的位置。"

子路眼中火光闪烁，他指着蒯聩说："太子你就是个懦夫，要是有人一把火把这卫台烧了，烧到一半你就肯定把孔悝放了。"

果然，这话让蒯聩心里发慌，连忙指使石乞和盂黡去对付子路。

在混乱的交战中，子路的冠缨被戈割断，他说完"君子死，冠不免"，从容不迫地戴上帽子，系好冠缨。而此时，锐利的兵器如雨而至，纷纷砍在他的身体上，子路死了。

得知卫国叛乱的事件时，孔子正在吃饭，他默默将所有带肉酱的菜全部倒掉，感叹道："由也死矣！"所谓知交，大概就是这样吧。次年，孔子驾鹤归去。

（2）

子路是个什么人呢？

小的时候，他过着非常穷困的日子，常常没有可以果腹的食物，只能靠野菜充饥。虽然家境贫困，每日都要应付很多劳作借以谋生，但这个少年血气方刚，性格直率爽朗，据说，他会戴着雄鸡帽子和公猪装饰的剑在街上走来走去，一副自鸣得意的派头。

孔子第一次见到子路，他就是这副模样。

可是，孔子却上前搭讪，问道："你的爱好是什么？"

子路瞥了他一眼，说："长剑。"

孔子点点头，又说道："你这么有天赋，如果能再学习学习，会更加优秀。"

不料，却被子路嘲笑道："学习？学习有啥用！你没听过南山竹吗？根本不必做什么后期加工，随便削一下就能做成射穿犀牛皮的利剑。天生厉害的东西，哪里需要费劲去学习？"

说得不好听，那时的子路就是个毫无人生理想的混子，带着无知者无畏的劲头在社会上横冲直撞地过日子。

可是，孔子却不生气，笑着继续说道："那么你想想，这么厉害的南山竹，如果在尾部装上羽毛，把箭头削得更加尖利，是不是可以射穿更远更厚的东西呢？"

这次言谈，让子路忽然有了醒悟。

就是这个少年，后来拜在比自己大九岁的孔子门下，学习思想文化与道德修养，最终成为孔子弟子中的"十哲""二十四孝""七十二贤"之一。

虽然他是孔子的学生，跟孔子却也是亦师亦友的关系。他生性直爽，但凡有不认可孔子的地方，他都会直接批评，孔子也经常批评他，却又对他偏爱有佳。

拜入孔门后，子路就充当了勇武的保护者，以长剑守护着孔子的安危。孔子曾说，自从有子路在身边，就再也没有听到过恶意的话语。连老子也评价子路是"天然去雕饰"的人。

后来，子路受孔文子的嘱托，辅佐他的儿子孔悝，成为孔悝的忠实部下。

这样一个忠义之士，当他听到栾宁传来的消息，说主人孔悝有难，又怎么可能在家中安坐得住？就算明知前面是死局，他也还是不顾一切坚持要去，这正是子路的性情，也是春秋战国时期士人的精神信仰。

所谓"士人",简单来说,就是古代的知识分子。在分封制中,他们属于贵族阶层较低的阶层,但他们更为重要的身份,是作为文化的传承者存在着。

孔子提出,作为知识分子的"士人"不仅要传播知识文化,更应该具备超越个人得失的理念和关怀社会的精神。

子路跟随在孔子身边的时间非常久,学习到的不仅仅是儒家六艺,更重要的是精神文化信仰的改变。

在那个动乱的年代里,天下百姓人人自危,大家都在内心

渴望着有英雄从天而降。可是，求人不如求己，如果每个平凡的人都能改变自己的精神与德行，整个社会又怎么会沦落？

出生贫苦的子路虽然从小到大经常被外人讥笑，但他的思想并没有被限制住，始终奉行孔子所倡导的精神，可以说是一生都坚守着学习到的知识，坚守着自己的品性。

（3）

关于子路的死，后世之人各有各的看法。

有人认为他的死"重于泰山"，在那样毫无胜算的情况下，他至死不屈，依循自己内心所崇尚的精神指引，果敢地奔赴主人身边，即便中途同门子羔苦心劝说他不必赴死，他也不为所动。在他的心里，自有一杆衡量是非对错的称。

当他终于见到自己的主人时，已经身陷重围，面对权威和强敌，他依然毫无畏惧之情，选择大义凛然保护自己的主人。

所谓士人精神，其实也就是一种价值观。中华上下五千年，出了一大批像子路这样的"士人"，他们胸怀民生社稷，以天下为己任，在遇到艰难险阻时从不躲避，有着一种豪迈的气概和高洁的品性。

这些人有着渊博的知识和智慧，更重要的是，他们有着强烈的社会责任感，修身、齐家、治国、平天下，这样的历史使命感流淌在他们的血液之中，烙印在他们心里。

乱世之下，士人阶层是一股非常强大的力量，甚至能够以他们的所作所为改变一个国家的命运和兴衰存亡。

同时，在时代的潮流中也存在另一种声音，他们认为子路这样赴死是愚蠢的表现，死得毫无价值。

在他们看来，小不忍则乱大谋，子路空有一股子气概和蛮劲，却不懂得留得青山在不愁没柴烧的道理，甚至有人认为他是在亵渎生命，甚至质问"礼"与"生命"孰轻孰重。

活生生被杀死，这是多么惨烈的人生结局！一根帽带真的有那么重要吗？

可是，对于子路来说，礼仪修养与原则尊严是胜过一切的，作为一名士人，就算在面对死亡时，他也一定会坚守自己的信念。

所谓大义，在很多时候都只是人们心里的道德底线罢了。至于死得值不值得，就由得后世之人去说吧。

仁义礼乐，只是救赎之术

——汉代·刘安《淮南子·本经训》

天地之合和，阴阳之陶化万物，皆乘人气者也。是故上下离心，气乃上蒸；君臣不和，五谷不为。距日冬至四十六日，天含和而未降，地怀气而未扬，阴阳储与，呼吸浸潭，包裹风俗，斟酌万殊，旁薄众宜，以相呕咐酝酿，而成育群生。是故春肃秋荣，冬雷夏霜，皆贼气之所生。由此观之，天地宇宙，一人之身也；六合之内，一人之制也。是故明于性者，天地不能胁也；审于符者，怪物不能惑也。故圣人者，由近知远而万殊为一。古之人，同气于天地，与一世而优游。当此之时，无庆贺之利，刑罚之威，礼义廉耻不设，毁誉仁鄙不立，而万民莫相侵欺暴虐，犹在于混冥之中。逮至衰世，人众财寡，事力劳而养不足，于是忿争生，是以贵仁。仁鄙不齐，比周朋党，设诈谞，怀机械巧故之心，而性失矣，是以贵义。阴阳之情，莫不有血气之感，男女群居杂处而无别，是以贵礼。性命之情，淫而相胁，以不得已则不和，是以贵乐。是故仁义礼乐者，可以救败，而非通治之至也。

夫仁者，所以救争也；义者，所以救失也；礼也，所以救淫也；乐者，所以救忧也。神明定于天下而心反其初，心反其初而民性善，民性善而天地阴阳从而包之，则财足而人澹矣，贪鄙忿争不得生焉。由此观之，则仁义不用矣。道德定于天下而民纯朴，则目不营于色，耳不淫于声，坐俳而歌谣，被发而浮游，虽有毛嫱、西施之色，不知说也，《掉羽》《武》《象》，不知乐也，淫泆无别，不得生焉。由此观之，礼乐不用也。是故德衰然后仁生，行沮然后义立，和失然后声调，礼淫然后容饰。是故知神明然后知道德之不足为也，知道德然后知仁义之不足行也，知仁义然后知礼乐之不足修也。今背其本而求其末，释其要而索之于详，未可与言至也。

（1）

宇宙在初始时，是一个混沌的整体。后来，清气上升，浊气下沉，才有了天地。

天地之间交融汇合形成阴阳二气，它们依照自然规律，不停运转。阴阳和谐，则宇宙能量均衡循环，万物在这个过程中得以孕育生长。若是上下离心，阴阳失调，邪气就会伺机上升；若是君臣离心，彼此不合，就连地里的五谷杂粮都无法自然生长。

中国古代的二十四节气记录了天地之间阴阳二气此消彼长的循环经过，从立冬日到冬至日，一共有四十六天，那时，阳气还浮在上空，阴气还沉在地里，彼此分离。随着时间的推移，阳气逐渐下沉，阴气逐渐上扬，两相交融，这团中和之气越来越大，直至充盈天地之间，芸芸众生才得以抚育出更多生命。

春生夏长秋收冬藏，四季有四季的运行规律。假若春天变得像秋天一样萧瑟清冷，又或者秋天变得像春天一样生机勃勃，隆冬之际雷声滚滚，酷暑之际霜雪漫天，那就是阴阳二气失调产生了邪气，破坏了自然法则，才让气候变得反常。

人生活在宇宙天地之中，人体内在的构成和变化规律与自然界是一样的。如果一个人能明白宇宙的运行原理，知晓世间万物的变化法则，也就不会对那些反常的自然现象感到神秘和害怕了。

说到底，宇宙间一切运作都遵循"道"。那些圣明的先哲们之所以能够见一物而知天下，见眼前小事推断出未来发展的大局势，都是因为他们掌握了"道"的规律。

当天下万物都归于一，以整体观去看待周遭，人们也就不会被身边的细微变化所影响，从而能够拥有悠然自得的内心，与天地同游。

生活在圣明的年代里，就像生活在混沌的天地之间。社会上没有论功行赏的规定，人们也不会因此受到诱惑；没有定罪行刑的法令，人们也不会因此受到威逼。那些有关礼义和道德的教化并没有被大肆宣扬，人们只是遵循本心本性，安居乐业，反倒不会为了得到名利去污蔑诽谤他人，也没有出现互相之间钩心斗角、残害同胞的事情。

到了社会渐趋衰亡、道德沦落时，财富的数量远远不能满足人口所需，导致付出与收获并不对等，由是，人们内心升起怨恨，彼此间的争夺开始了。到这时，应提倡"仁"的德行，借助它来平息纷争。

可是，仁德的品质并非人人都有，一些不仁之人结党营私，为了私欲而用尽心机，造谣生事、奸诈狡猾、兴风作浪等行为层出不穷，完全丧失了人的质朴天性。"仁"的教化不足以维持社会和谐，这才有了对"义"的提倡。

同时，女性具有阴柔之气，男性具有阳刚之气，男女之间会因阴阳相吸而产生情欲冲动，如果男女群居杂处，混乱地生活在一起，容易导致淫乱。为了让男女交往有度，彼此保持一定的距离，这才有了对"礼"的提倡。

此外，人若是过分地纵情纵欲，会对生命造成威胁，为了让人们的性情得以舒展，拥有平和愉悦的内心，就要借助"乐"来进行调剂，这才有了对"乐"的推崇。

如此看来，所谓仁、义、礼、乐的教化，其实都是对道德败坏的救赎之方，而并非是个人修养身心和通治天下的良方。

（2）

所谓"仁"，是为了防止斗争；所谓"义"，是为了抵御失信；所谓"礼"，是为了防范淫乱；所谓"乐"，是为了疏通情绪。

仁义礼乐的教化，是社会治理的手段，"神"才是人的本质本源，直接体现在人的思维与言行之中。当人们透彻明白了内外如一后，天下才能得以安定，人心才会回到最初的本性，清心寡欲，自得其乐。

保持人心本性会带来平和的内心，民风也会因此变得善良；善良的民风与自然界的阴阳之气和谐相融，这时，四季按照规律轮回，万物生长枝繁叶茂，世间财富足够满足人们的需求，那些贪欲引发的卑鄙行为和怨恨引发的彼此争夺也就不容易滋生。

如此一来，也就不再需要强调"仁义"的作用。

社会运作的本质规律在于无形的"道"，以"大道"治理天下，百姓保持着与生俱来的淳朴德行，天下自会安定。

在这样的社会环境下，人们目之所及的美色并不会让内心受到诱惑，耳朵也不会沉溺于靡靡之音。他们在劳作之余，心生快乐，就算只是安然闲适地坐着，也可能唱起歌来，就算在悠然自得地行走时，也会忍不住轻声吟唱，他们因内心的自在而感到愉悦，可能会披散着头发四处游走。

在这样的社会环境下，人们就算遇见像毛嫱和西施这样的绝世美人，也不会产生邪淫的念头；就算听见《掉羽》《武》《象》这样令人迷惑的动人乐曲，也不会沉沦其中；人们的内心纯净而自足，压根就不会发生混乱无序的男女之事。

如此一来，也就不需要强调"礼乐"的作用。

这么看来，是因为天下失德，才有了对"仁"的提倡；德行衰败，才有了对"义"的提倡；内心无法平和自足，才需要用"乐"来疏通；淫荡之风兴起，才需要强调"礼"的规范。

如果能够遵循"道"的规律，百姓保持着本心，那么，治理天下就不需要用"德"来实施；如果能够明白"德"可以净化人心，也就不需要强调"仁义"的作用；如果知道用"仁义"来救赎和防范，也就不需要提倡"礼乐"的作用。

如今，人们忘了"道"才是根本，反倒去追寻仁义礼乐这些细枝末节，背离了关键的核心，而去修订那些烦琐的内容，又能跟他们谈论什么高深的道理呢？

（3）

《淮南子》这部书以道家思想为主，集道家之大成，同时又糅合了阴阳、墨家、法家、儒家等一些先秦学派的思想，相传是由西汉淮南王刘安主持，并和他的门客一起收集史料集体编撰而成的，因此得名《淮南子》。

这部哲学著作分为内篇、中篇和外篇，包含了以论道为主的内篇二十一篇，也就是现存于世的出版内容，此外，还有以

养生为主的中篇八篇和以杂说为主的外篇三十三篇。

对这部著作影响最大的当属《老子》，书中不但多处直接引用《老子》的典籍内容，在思想上也延续着先秦道家"无为而治"的观念。

在这篇《淮南子·本经训》中，作者明确提出，想要天下能够长治久安，唯有以"道"作为核心，遵循它的运作规律。

在远古时期，社会治理依照人的本性，让万物万物依循自然而不加以规范限制，那时候，四季分明，日月生辉，天地之气和谐共生，风雨有时，草木葳蕤。

因为本性自在，道法自然，使得社会的运行与天地相通，行事不必去择良辰吉日，处事也不必设置规矩法度，百姓依内在精神的指引，内心欢愉，也就心胸开阔，不必对每件事都精打细算，社会得以和谐有序地发展。

到后来，道德开始衰败，人们越发肆意贪婪地向自然索取，滥砍滥伐，修建起华丽的亭台楼榭，放水捕鱼，猎杀飞禽走兽，为得到更多收成而乱施肥，开山采矿来做装饰品，人为制造了很多祸端。

原本的规律无法运行，生态被严重破坏，人心也被贪欲驱使，使得阴阳之气无法调和，四季开始混乱无序，草木枯萎，虫兽肆虐，社会之中也矛盾重重。

在这样的情况下，为重新梳理整治，才有了那些赏罚制度和仁义礼乐的修订。

然而，从《淮南子》的内容中可以看出，作者认为，对仁义礼乐的提倡只是一种治标不治本的办法，并不足以成为让社会清明安定的根本。

要想社会和谐有序、生机盎然，就应该使人心归于本性，万事万物都遵从自然规律行事，才能达到真正的和顺安然。

所谓"大道无形"，日月星辰、天地四季、阴阳五行，没有什么是以人的意志为转移的，因此，以具体的法令制度和德行教化来规范人们的言行举止，通过不断修订细节来治理天下，只是舍本逐末的行为罢了。

"道"，不是用语言可以形容的，也无法用文字书写下来，那些在乱世之中平定天下的圣贤之士，懂得自然规律，顺应阴阳之气，才得以让社会和谐有序。

读《淮南子》，可与先秦诸子百家的经典学说对比而读，或能更好地理解其思想。在那个战乱不止、充满辩论的年代，本书杂采众家，对后世研究秦汉文化有着不可替代的重要作用。

仁义礼德，胜于一切

——汉代·戴圣《礼记·儒行》

鲁哀公问于孔子曰："夫子之服，其儒服与？"孔子对曰："丘少居鲁，衣逢掖之衣，长居宋，冠章甫之冠。丘闻之也，君子之学也博，其服也乡，丘不知儒服。"

哀公曰："敢问儒行。"孔子对曰："遽数之不能终其物，悉数之乃留，更仆未可终也。"

哀公命席。孔子侍曰："儒有席上之珍以待聘，夙夜强学以待问，怀忠信以待举，力行以待取，其自立有如此者。

"儒有衣冠中，动作慎，其大让如慢，小让如伪，大则如威，小则如愧，其难进而易退也，粥粥若无能也。其容貌有如此者。

"儒有居处齐难，其坐起恭敬，言必先信，行必中正，道涂不争险易之利，冬夏不争阴阳之和，爱其死以有待也，养其身以有为也。其备豫有如此者。

"儒有不宝金玉,而忠信以为宝;不祈土地,立义以为土地;不祈多积,多文以为富。难得而易禄也,易禄而难畜也,非时不见,不亦难得乎?非义不合,不亦难畜乎?先劳而后禄,不亦易禄乎?其近人有如此者。

"儒有委之以货财,淹之以乐好,见利不亏其义;劫之以众,沮之以兵,见死不更其守;鸷虫攫搏不程勇者,引重鼎不程其力;往者不悔,来者不豫;过言不再,流言不极;不断其威,不习其谋。其特立有如此者。

"儒有可亲而不可劫也,可近而不可迫也,可杀而不可辱也。其居处不淫,其饮食不溽,其过失可微辨而不可面数也。其刚毅有如此者。

"儒有忠信以为甲胄,礼义以为干橹;戴仁而行,抱义而处,虽有暴政,不更其所。其自立有如此者。

"儒有一亩之宫,环堵之室,筚门圭窬,蓬户瓮牖;易衣而出,并日而食,上答之不敢以疑,上不答不敢以谄。其仕有如此者。

"儒有今人与居,古人与稽;今世行之,后世以为楷;适弗逢世,上弗援,下弗推。谗谄之民,有比党而危之者,身可危也,而志不可夺也。虽危起居,竟信其志,犹将不忘百姓之病也。其忧思有如此者。

"儒有博学而不穷，笃行而不倦；幽居而不淫，上通而不困；礼之以和为贵，忠信之美，优游之法，举贤而容众，毁方而瓦合。其宽裕有如此者。

"儒有内称不辟亲，外举不辟怨，程功积事，推贤而进达之，不望其报；君得其志，苟利国家，不求富贵。其举贤援能有如此者。

"儒有闻善以相告也，见善以相示也；爵位相先也，患难相死也；久相待也，远相致也。其任举有如此者。

"儒有澡身而浴德，陈言而伏，静而正之，上弗知也；粗而翘之，又不急为也；不临深而为高，不加少而为多；世治不轻，世乱不沮；同弗与，异弗非也。其特立独行有如此者。

"儒有上不臣天子，下不事诸侯；慎静而尚宽，强毅以与人，博学以知服；近文章，砥厉廉隅，虽分国如锱铢，不臣不仕。其规为有如此者。

"儒有合志同方，营道同术；并立则乐，相下不厌；久不相见，闻流言不信；其行本方立义，同而进，不同而退。其交友有如此者。

"温良者，仁之本也；敬慎者，仁之地也；宽裕者，仁之作也；孙接者，仁之能也；礼节者，仁之貌也；言谈者，仁之文也；歌乐者，仁之和也；分散者，仁之施也。儒皆兼此而有之，犹且不敢言仁也。其尊让有如此者。

"儒有不陨获于贫贱,不充诎于富贵,不慁君王,不累长上,不闵有司,故曰儒。今众人之命儒也妄,常以儒相诟病。"

孔子至舍,哀公馆之,闻此言也,言加信,行加义:"终没吾世,不敢以儒为戏。"

(1)

孔子晚年时,终于回到鲁国。

回国后没多久,他被国君召见。鲁哀公上下打量了一番,问道:"先生,你的衣着打扮是儒者特有的穿着吗?"

孔子摇头,答道:"孔丘我小时候居住在鲁国,穿的是鲁国那种袖子宽大的逢掖之衣,长大后居住在宋国,戴的就是宋国那种礼帽。我只知道,君子要博学广识,穿着要入乡随俗,从来没听说过还有儒者专属的服饰。"

鲁哀公接着问道:"既然服饰没有什么特别之处,那儒者的行为又有什么特别之处呢?"

孔子说:"这就说来话长了,如果随便列举几项,没法讲清楚,要全部说清又需要很久的时间,怕是等到仆人换班了,还没有说完。"

于是,鲁哀公令人给孔子安排座席,请他入席,慢慢道来。

就座后,孔子开始了漫长的讲述。

他说:"真正的儒者如同宴席之上的珍宝,等待着被诸侯行聘礼时采用;他们夜以继日地学习知识,提升自己的智慧,等待着给别人解答疑问;他们胸怀忠诚礼信,等待着有人来举荐;他们身体力行,等待着被录用。这就是儒者的修身自立。"

接着,孔子开始讲述儒者的行为和德行。

"所谓儒者,虽然在衣着打扮上看起来和别的人没什么不同,但他们的行为却非常谨慎。面对大利时的谦让让人觉得他们傲慢,面对小利时的谦让则让人觉得他们虚伪。在面对大事时,他们战战兢兢、如履薄冰,让人觉得他们害怕权威,在面对小事时又非常恭谨,好像心中有愧。让他们去争取点什么实在是很难,让他们放弃些东西反而很容易。他们的谦卑,看起来就像一副懦弱无能的样子,这就是儒者的形象。

"儒者在日常的居住之处也非常庄严,无论站坐都很恭敬,说话必须要诚信,行为必须要公正。走在途中,从来不与人争道路的险难和易走,冬天不与人争暖和之地,夏天不与人争凉爽之处,他们是为了爱惜生命以等待时机,养精蓄锐以有所作为。儒者行事就是这样修养自身。

"所谓儒者,从来不认为金钱财富很宝贵,在他们心里,忠信才宝贵。他们不祈求得到土地,而把建立道义视为土地;

不祈求得到很多积蓄，而把知识的渊博视为财富。要请他们出来任职很难，因为他们并不在乎高官厚禄，就算任职了也很难长久留任。如果没有遇到合适的时机，他们通常隐居不出，所以说要请儒者为官很难。就算出来做官了，如果对待道义的观念不合，他们也会离开，所以说要长久留住儒者很难。他们通常会先工作再拿俸禄，不就是轻视金钱财富吗？儒者就是这样待人接物。

"所谓儒者，即使有人把金钱财物送给他，用声色犬马诱惑他，他也不会见利忘义。即便以人多势众胁迫他，用武器恐吓他，他宁愿死也不会改变自己的节操。遇到飞禽猛兽的攻击时，他们只管去搏斗而不考虑自己的能力是否能敌；需要牵引重物时，他们只管去努力而不考虑自己的力量是否足够。错过的机遇，他们不会追悔；即将到来的机遇，他们不会欢喜。说错的话，他们不会再说；听到流言蜚语，他们不会追究。他们保持着威严，不玩弄权术谋略。儒者就是这样特立独行。

"所谓儒者，可以亲近但不可以威胁，可以接近但不可以强迫，可以杀死他但不可以侮辱他。他们的居住之处简朴不奢华，饮食清淡不丰盛。他们有过失时，可以委婉批评但不可以当面数落。儒者就是这样刚毅。

"儒者将忠信视为盔甲，将礼仪视为盾牌，出门在外讲究仁，居住在家谨守义，就算遇到暴政，也不会改变自己的操守。儒者就是这样自立。

"儒者居住的宅院不过十步之地，四面土墙，简陋贫寒。

在墙上挖个圭形的洞，再用蓬草编成门，将破罐子镶嵌在墙上就算窗户。他们全家只有一件完好的衣服，出门才换上，两天只吃一天的粮食。如果受到君王的赏识，他们绝不产生疑虑；得不到君王的认可，他们也绝不谄媚求进。儒者就是这样的做官态度。"

（2）

"所谓儒者，虽然和当今社会的人生活在一起，却有着古代君子的意趣；儒者现在的行为，可以成为后世之人的楷模。他们生不逢时，位居上层的人不施以援手，位居下层的人也不合力推动，那些谄媚进献逸言的人结党营私，想方设法算计他们，但这只能危害到他们的身体，无法夺取他们的意志。虽然身处被迫害的险境，他们还是忠于自己的志向，念念不忘黎民百姓的痛苦。这就是儒者忧国忧民的意识。

"所谓儒者，虽然知识已经很丰富，还不忘继续学习，他们努力践行自己的操守，坚持不懈。在隐居独处的时候不邪淫放纵，飞黄腾达的时候不失态困窘。对于礼的运用，以和为贵，以忠信为美德，以优柔为方法。他们能够举荐贤者，也能够包容众人，既有自己的原则，又具有灵活性。这就是儒者的宽容大度。

"所谓儒者，在举荐贤能的时候只看对方是否德才兼备，对内不避讳举荐亲属，对外不排斥举荐仇人，只要对方有真才实学，就一定向朝廷举荐，并不期望得到对方的报答。他们只希望能够辅佐君王实现志向，做对国家有利的事情，而不求自己得到荣华富贵。这就是儒者举荐贤能的方式。

"所谓儒者，听闻有益的话便会与朋友互相告知，见到有益的事就会向朋友指出来。有爵位空缺时，会先想到朋友；有危难祸患时，会自己主动承担。如果朋友长久不得志，自己也不会独自为官；如果朋友在远方不得志，就想办法把他招致来一同入仕。这就是儒者对待朋友的方式。

"所谓儒者，是洁身自好，注重修身和德行的人。他们陈述自己的意见，伏听君王的指令，安静地谨守正道。君王如果不理解自己的建议，就委婉地加以启示，但不会操之过急。对待地位比自己低的人，他们不会颐指气使，对待自己的少许功劳，他们不会妄自增加，自诩功高。遇到盛世时，他们与群贤共处而不自轻；遇到乱世时，他们坚守正道而不沮丧放弃。对待观点相同的人，他们不结党营私；遇到意见相左的人，他们也不妄加非议。这就是儒者的特立独行。

"有一种儒者，上不服侍天子，下不侍奉诸侯；他们性情谨慎平和而崇尚宽大，性格刚强坚毅而能从善如流，学识渊博而能服膺比自己更厉害的人。他们读圣贤书，懂礼乐法度，磨砺自己的节操德行。就算把国家分封给他们，对于他们而言也是芝麻小事，不会因此而动心称臣为官。这就是儒者对自己的行为规范。

"所谓儒者，只和志趣相投的人交朋友，他们做学问的路数也一样，彼此都有成就当然是皆大欢喜，彼此地位高低不同也不会互相厌弃。就算他们彼此之间很久不见，听见对方的流言蜚语，也绝不会相信。他们行为方正，谨守道义，与自己志同道合的人，就进一步交往，与自己志向不同的人，就退避疏远。这就是儒者交友的方式。

"温和善良，是仁的根本；恭敬谨慎，是仁的基石；宽宏大量，是仁的发扬；谦逊待人，是仁的能力；注重礼节，是仁的表现；语言交谈，是仁的文采；歌乐舞蹈，是仁的和谐；分散财物，是仁的施行。儒者具备了上面种种德行，尚且不敢说自己做到了仁。这就是儒者的尊重谦让。

"所谓儒者，不会因为贫贱而困窘失志，也不会因为富贵而骄奢失节，不会因为君王的侮辱、大臣的恐吓、官吏的刁难而改变自己的志向，所以称为'儒'。现在很多人虽然称为儒却言行举止名不副实，导致人们对儒的理解有误，经常把儒者当成笑料和骂人的话。"

孔子结束了漫长的讲述，鲁哀公听罢，深有感触，说道："我这辈子，再也不敢拿儒者来开玩笑了。"

（3）

孔子一生为了推行自己的政治主张奔波在路上，却始终没得到施展的机会。回到家乡后，他发现礼乐传统一直非常深厚的鲁国也开始实行法治，礼崩乐坏，想恢复周礼难上加上。

回国后，虽然鲁哀公也常常向孔子请教，但孔子给他建议时，他又并不听从。

一个独断专行的君主，既无法管理好朝廷，也无法获取民心，最终导致城池废墟遍地，国家中兴无望。

孔子忧心忡忡，与鲁哀公之间留下了很多对话。此篇便是孔子为回答鲁哀公的问话，从多个方面对"儒者"的品性特质进行了详细解读。

文中开篇，鲁哀公就提到儒者的服装，可以看出，当时社会对儒者是抱有偏见的，孔子为了说明白儒者的特性，不急不缓地谈到他们对待学问和友人的方式、待人接物的言行举止、内心的价值观、独立于世的节操品德等等，于字里行间刻画出生动的儒者形象。

在中国数千年的传统文化史中，各家学说流派此起彼伏，但是"儒者"长期占领着其中的主流地位，对整个中华民族都产生了深远的影响。

一直到现在，儒者的思想理念与人格准则依然是中华民族的精神指引，具有广大的现实意义。无论是对社会、国家的治理，还是对于个人修养，儒家学说都深入中华子孙的血脉之中。

《礼记》的内容可以说是一部儒家思想的汇编，其中不仅有先秦礼制，还有许多先秦的儒家哲学思想。《礼记·儒行》就是其中一篇，从不同侧面展示了儒者与凡俗之人的不同，现在读来，依然会引发我们的深思。

从此世界只剩黑夜

——汉代·无名氏《孤儿行》

孤儿生,孤子遇生,命独当苦。
父母在时,乘坚车,驾驷马。
父母已去,兄嫂令我行贾。
南到九江,东到齐与鲁。
腊月来归,不敢自言苦。
头多虮虱,面目多尘。
大兄言办饭,大嫂言视马。
上高堂,行取殿下堂。
孤儿泪下如雨。
使我朝行汲,暮得水来归。
手为错,足下无菲。
怆怆履霜,中多蒺藜。
拔断蒺藜肠肉中,怆欲悲。

泪下渫渫，清涕累累。
冬无复襦，夏无单衣。
居生不乐，不如早去，下从地下黄泉。
春气动，草萌芽，
三月蚕桑，六月收瓜。
将是瓜车，来到还家。
瓜车反覆，助我者少，啖瓜者多。
"愿还我蒂！兄与嫂严，独且急归，当兴校计。"
乱曰：里中一何譊譊！
愿欲寄尺书，将与地下父母，兄嫂难与久居。

（1）

  恍恍惚惚间，我像是忽然从高处掉落下来，猛地惊醒。
  叮咚、叮咚、哗啦啦，大雨噼里啪啦地敲打着乌篷顶，混合着浪花的声音，在寂静的夜里显得如此热闹喧嚣。
  梦里不知身在何处，我迷迷糊糊地揉了揉眼睛，手肘撞到紧挨着身体的货箱，才想起自己正在南下九江的船上。
  小船漂漂荡荡地行驶着，我朝四下里望去，周遭漆黑一片，只有江水激荡。

  孤独的夜里，特别容易思念。
  望着黑洞洞的夜空，很想知道天上的父母过得好不好。
  妈妈的笑容和温暖的怀抱曾经像春风一样包围着我，她会替我抚平每一处衣角，饮食起居都照料得无比精细，只要靠在她的臂弯里，就能让我感到踏实心安。

爸爸虽然严厉，会要求我们的言行举止规范，但我好喜欢他高大威严的样子，每次跟着他出门，总会有漂亮的马车在门口等候。

曾经，我也是被父母宠在手心里的孩子啊！那些日子，遥远得如同一个梦，却也成为我心里仅存的慰藉。

呆坐在原地好一阵，直至感到冷风一股一股灌进船舱，我才赶紧缩了缩身体，裹紧身上的单衣。不知不觉间，竟已泪流满面。脸上痒痒的，尘土间出现一条条爬虫似的泪痕，但在这漆黑无人的夜里，不会有谁看见。

自从父母离开人世，我便再也没有家的温暖。

已经记不清离开家多久了，哥嫂让我出门做买卖，一走就是一个年头。

齐鲁大地的春天，万物都还在土里萌芽，行走在滚滚沙尘中，我感到自己无比渺小而卑微。身上带着的货物不知道要何时才能售卖掉，可我不敢这样回家，只能硬着头皮向前。

夏季里，烈日暴晒下的大地滚烫如油锅，我需要不时飞快地跑上一阵，从一小片阴影处跑到另一处，才不至于被烫伤。

就算这样，我也更愿意过夏天。寒冬来临时，日子会变得更难挨。常年风吹雨淋，皮肤逐渐变得干燥龟裂，像一块块暴晒后的田地，翻起皮来。冷风一吹，就会出现道道血红的印记，像小刀划过般疼痛。

　　风雪肆虐的天气里，仅有的一件单衣根本无法御寒，我的身体总在不受控制地哆嗦，清鼻涕没完没了地挂着。

　　行路漫漫，独自浪迹天地间的悲苦无人可诉。

　　那天，在赶去渡口的路上，不小心被蒺藜扎到脚，一阵钻心地痛，疼得我连叫喊的力气都没有。四下张望，求助无人，我只能倒抽一口凉气，狠下心将它拔出来，却不料折断了半截留在肉里。鲜血流出来，在脚底画出一小片污浊的暗红。

　　常年在外灰头土脸地奔忙，我像个小叫花子般光着脚丫，头发又脏又乱，浑身上下到处都是被虱虫噬咬的包。如果被妈妈看到，她一定不敢相信这是她宠爱的孩子吧！

　　漂泊在外的孤儿，就像冰天雪地里脆弱的小草，在命定的悲惨身世里感知孤苦的滋味。

　　我抬起手背拭去脸上的泪水，望着这奔流不息的茫茫江河，心里默默许愿，这趟南下九江要快些将货物卖掉才好啊！

　　腊月已至，年关将近，如果不能赶紧回家，误了置办年货的时间，怕是哥嫂以后都不会让我进门了。

（2）

　　那天，雪花纷纷扬扬地飘洒着，我踩在冻僵的土地上，一步一步朝着家的方向走去，双脚麻木到失去了知觉。

在路上的日子苦，回到家也没好到哪去。拖着疲惫的身体走进门，我浑身还在不停打着寒战。可是，寒风再刺骨，都不如哥嫂的脸色那样冰凉。

我呵着气搓了搓手，蜷缩在房间的一角抱紧身体取暖，仿佛听见皮肤上薄冰裂开的咔咔声。还来不及喝完刚倒上的热水，大哥走过身旁，皱着眉头说道："该去做饭了！"

我不敢叫苦，默默起身走进厨房，淘米、洗菜，刚刚恢复知觉的双手浸在冰凉的水里，等到靠近炙热的柴火时，那些细小的口子又痒又痛，手指红肿得如同一根根小胡萝卜。

好不容易收拾停当，刚摆好洗净的碗，准备回房间歇息片刻，嫂子一脸嫌恶的表情，指使我出去看马。

在这个家里，我被一根无形的棍棒撵着不停奔跑，屋里、屋外、厅堂、厨房，如同一只不停转圈磨面的骡子。

次日，天刚蒙蒙亮，外面的一切还笼罩在晨雾中，我提着空桶出去打水，在几十里的山路上来回穿梭。背着水回来时，一天已经过去。

在夜深人静的时候，我常常看着窗外的月亮想起父母，浓浓的孤单和无助化成无声的泪水，不知道这样的生活何时才是个尽头？在这世间，再也找不到让我快乐的事情，真想就这样离开，去另一个世界投奔父母的怀抱。

可是，日子依旧在一天一天地过去。

冬去春来，又到了万物复苏的季节，嫩绿的草芽在大地上星星点点地冒出头来。

每个季节有每个季节的农活。三月养蚕，我就忙着采摘桑叶喂蚕。它们吃得可真多啊，只听见沙沙的声响，不一会儿，整筐桑叶就不见了踪影。

到农历六月，地里的瓜都熟了，哥嫂让我去收瓜。烈日炙烤着大地，我拉着沉重的瓜车一步一步向前，瘦弱的肩膀很快就被勒出血痕，太疼了！一时间，泪花模糊了双眼，我没有稳住平衡，车一歪，瓜滚落一地。

来来往往的人围了过来，却没有几个是帮忙的，看见许多人捡起摔碎的瓜就吃，我心里慌张极了，一边奔跑着四处捡拾，一边带着哭腔向众人求助。想起哥嫂发怒的模样，我害怕到胃里一阵痉挛。如果什么都没有了，我怎么敢独自回去？

面对一地狼藉，我绝望地朝众人乞求："可以将瓜蒂还给我吗？哥哥嫂嫂太严厉，趁他们还没有听到风声，将瓜蒂拿回去让他们点数，求他们原谅，兴许惩罚会轻一些吧。"

可是，等我满头大汗跑回家时，哥嫂还是早一步知道了，我气喘吁吁地低着头站在原地，被他们劈头盖脸的怒骂声包围。

如果可以，真想给去世的父母寄一封家书，诉说我内心的痛苦。跟哥哥嫂嫂相处的生活暗无天日，我好累，好痛，好想就这样死去，告别这个无望的世界。

(3)

在汉代，父亲是一家之主，掌管着所有的财产，地位不可动摇，而家族的遗产继承则遵循着长子全盘负责的规矩。

在这首乐府诗中，以孩子的视角和口吻，讲述了一个遗世孤儿的苦难生活。丧失了父母的护佑后，他在这个世界上再也找不到任何依靠，因为哥嫂掌管了全部家当，幼小的他寄人篱下，只能任劳任怨，长期被虐待折磨。

他就像一个赚钱的工具人，被哥嫂差遣着外出行商，从年头到年尾，风餐露宿，历经种种磨难，连苦都不敢说一句。即便回到家中，他也像个免费的奴仆，陀螺般不停转着，既要负责繁重的家务，又要管理田地农活和照料马匹牲口。

这个可怜的孩子，衣不蔽体，脚上无鞋，常年奔波劳累，没有尽头。

诗中对细节的刻画尤其令人心酸，冻伤的双手，扎进肉里的荆棘，因社会人情冷漠而加倍苦楚的状况，将孤儿的命运描述得生动入微。

在这样的环境下，一个年幼的孩子是无力去抗衡的，他常常以泪洗面，却没有办法改变现状。诗中多次提及他想起自己的父母，曾经优渥舒适的生活与现实的残忍形成强烈对比，更可悲的是，如今，就算他遇到再大的伤痛，都找不到一个可以诉说的人。

孤独与无助让这个孩子痛苦地呼喊，他心绪烦闷却没有出口，痛苦的情绪无法宣泄，极度绝望下，他想到要以离开这个世界的方式结束眼前噩梦般的生活。

全诗读来，就像是一个万念俱灰的孩子在抽泣在哭诉，在他悲痛的讲述中，我们看到的不只是一个家庭问题，亦是弱者在社会中的状态。

他们散落在社会的各个角落，在不同的地域、不同的家庭里，遭受着同样非人的待遇。这样的不公在当时的社会制度下悄然蔓延，那些痛苦的呐喊隐匿在心中太久，终于成为诗歌被传唱出来。

他们无望地生活着，在没有尽头的重压之下，看不到一丝曙光。

每当读到这样的文字，都让我们不由得感念眼下的幸福生活。

当太阳再次升起的时候，愿你我都能够更好地去爱、去珍惜拥有的一切。

深情只予一心人

——汉代·卓文君《白头吟》

皑如山上雪,皎若云间月。
闻君有两意,故来相决绝。
今日斗酒会,明旦沟水头。
躞蹀御沟上,沟水东西流。
凄凄复凄凄,嫁娶不须啼。
愿得一心人,白头不相离。
竹竿何袅袅,鱼尾何簁簁!
男儿重意气,何用钱刀为!

(1)

晚风将至,帘卷黄花,院落里的植物舒展着身姿。
待到更晚一些,那轮明月又会从树梢升起,溢洒下细盐似的光。一切还是如旧的模样。

只不过，秋蝉不再鸣叫，就连风也变得轻柔不少，整个世界仿佛都安静下来。

她坐在镜前，看着窗外的白云发呆，看着墙角的一小片阴影从左到右，直至不见踪影。

时间一晃，就过去两个时辰。

精心梳理好的云鬟，似乎失去了往日的欢快，那些生性雀跃的花簪也像是睡着了一般。

咔嚓一声响，是枯枝掉落在地上。她晃过神来，轻轻叹了口气。

目光再次凝聚，镜中的人儿依旧容颜姣好，雪白的皮肤如月皎洁。嘴唇樱红饱满，两颊浮着浅淡的粉色。

岁月未曾摧残她的容颜，却着实伤害了她的心。

回想那日初相识，目光相遇的刹那，仿若穿过隔世的记忆，唤醒两人心中的情愫。

是的，就是他了。怦怦跳动的心脏，像是要从嗓子眼蹦出来，他炙热的眼神在告诉她，彼此的心已然系在一起。

自那天起，她就茶饭不思，是有一缕魂魄已经随他而去。

家中锦衣玉食的生活如同嚼蜡，再也无法激起她一丝一毫的兴趣。就连丫鬟邀她去院子里赏花捕蝶，也少了从前的滋味。

爱情真是个奇怪的东西，一旦入了心，就全然不顾艰辛与阻碍，只要能彼此相守，恩爱扶持，生活哪里会有什么过不去的坎？

虽然她打小就优渥富裕，没经历过人间疾苦，但却不像别的大家闺秀一般。她是敢爱敢恨的女子，有着自己的主见与思想，只要是她下定决心的，谁也没办法阻拦。

他果然也如她一般，一见钟情，一别相思。

在初露真心之后，他想方设法托人将信送至她手中。只是他不知，她是怎样欣喜激动地怀揣着信跑进闺房，带着一脸甜蜜的笑容，将那张纸上的文字读了又读。

没错，就是他了。若只是长得好看，还真入不了她的芳心，让她眼神明媚、心头激荡的，是他展露出来的才华。

于是，在那个月明星稀的夜晚，她偷偷离开从小生活的家，赶去相会的地方。

夜空里飘落着细小的雪花，可是她一点儿也不觉得冷。向着爱人奔赴的每一步，都让她感到欢快极了。

她如约而至，而他就等候在那里。在明月的见证下，两人紧紧相拥，像是久别未见的情侣紧紧拥抱住属于彼此的幸福。

你有没有发现，女子一旦陷入爱情中，是可以为之付出一切的？

她从小集万千宠爱于一身，衣食住行，样样都准备得精致，贴身丫鬟将她伺候得妥妥当当，哪里见识过人世间的凄凉与苦难？

这倒也不妨碍她过家徒四壁的清贫日子。有情饮水饱，真是活生生刻画出了她的模样。

从家中带出的银两没过多久就花光了，她为了维持生计，开始想各种法子。

金银细软她打小见得多了，倒也并没有什么稀奇，但真的离开了家，需要自谋生路，才发现过日子要省着点儿花。

以前十指不沾阳春水的大小姐，如今洗衣做饭样样亲自来，但她倒不介意这些，只要跟心爱的人相守在一起，内心就有着满满的幸福感。

（2）

日子一天天过去，柴米油盐的生活并未磨去她的诗意。

丈夫的才华得到赏识，远行为官，他们的窘困也终于得到缓解。两人常常书信往来，每次收到来信，她都欣喜得如同当初那个少女，摩挲着纸片，要反反复复读上好多遍，才放在枕头旁伴她入睡。

若能长相好,也算是人间圆满了。但人生的剧情充满意外,谁也不知道下一个篇章会有着怎样出人意料的转折。

她日日倚栏眺望,期待着鸿雁传书。院落里花开花谢,春来秋去,在对时光的感叹中,她忽然有了些许不安。

那天收到来信,应验了她的预感。

薄薄的纸片在手中颤抖,似有千斤重。她无论如何也不会想到,丈夫离开身边这些日子,竟会产生纳妾的念头。

爱情对于她,是圣洁的唯一。在窄小的心房里,只够容纳一个人居住。她从来都认为,爱情是除却外在一切身份地位与金钱名利的内在感情,是彼此情意相投、意趣相合的那种欢愉,是终其一生,只愿与他相守到白头的一往情深。

往日女子出嫁时,总要哭成泪人儿,一副痛彻心扉离家的模样。在她看来是大可不必的。

尽管当初是偷偷离家与他私奔的,但就算如此,她只要遇得一心人,白首不分离,便觉得是人间幸事,是一桩幸福的婚姻。

只是,如今这封书信像把重锤砸在她的心上,砸出一个巨大的空洞来,再多的回忆与往昔的甜蜜都无法填补。

在经历了这么多的世间苦难后,叫她如何能平静接纳另一个人闯进来?

她是失望的,是悲伤的。那个情意绵绵的男子,竟缥缈得如梦中人,显得那么不真实。海誓山盟犹在耳边,但白纸黑字却如此无情。

是她看错了人吗?她一介女流,尚且能够懂得一颗心待人,甚至从未在意过跟随他之后家境清贫,生活一落千丈。难道男儿不是更应当重情重义?

可眼下,他只不过为官几年,境况有了些许好转,便心生二念,忘却了两人相濡以沫的日子。深情抵不过现实,但她是心气如此高傲的女子,又怎么会委曲求全,甘心与别的人拥挤地居住在一颗心里?

思来想去,她是宁可斩断这份牵挂,也要维护爱情在心中的纯洁的。

于是,她收拾好家中一切,打点好行装,坐在镜前仔细地梳妆打扮。

已经有多久不曾这样精心地装扮过自己了?她望着镜中那个美丽的女子,有些心酸地笑了。

既然当初有抛弃一切与他过日子的决心,如今,她依然能够决绝地离开这个已经变心的男人。哪怕未来的生活再难,也好过心无处安放的慌乱。

她从来就不是一个忧郁到以泪洗面的女子,她是一个敢爱敢恨的率性之人。既然得不到命运的垂青,那就在一场酒里话离别吧!

她约了丈夫相见，坦言不能接受爱情里的一方变了心，如果已经不再像从前那样是彼此的唯一，那就喝了这场酒，明朝各分东西吧。

其实，她的心中亦是不舍与伤感，离别的路途哪里会走得那样洒脱与无所谓？可是，若他已不是当初那个只为她倾心的人，她不能留下，也不会留下。

（3）

这首乐府诗，在《西京杂记》中记载是汉代才女卓文君所作的。

关于卓文君与司马相如的故事，已然成为流传千年的经典爱情故事。

出生西汉冶铁世家的卓文君是当时的巨富卓王孙之女，从小就家境优渥。而司马相如文采辞赋一流，琴艺也绝佳，曾跟随梁王左右。只不过，梁王逝世后，他的生活便没了着落。

说来也是机缘巧合，就在司马相如去临邛拜访朋友王吉时，得到了去卓王孙家中赴宴的机会。富商的宴会，到场之人自然是非富即贵。因此，后世也有人说司马相如的举动存有私心。

姑且不论他的心思，总之，在那场宴会上，司马相如大展才华，并以一首《凤求凰》打动了卓文君的芳心。

如卓文君这般聪慧的女子，怎么会听不出司马相如琴声里直白的示爱？两人算是一见钟情。

只不过，司马相如心里深知贫富地位的差距，公然提亲必定会遭到卓王孙的反对。于是，他写了封信，让丫鬟转交给卓文君。

就是这封信，让卓文君抛弃家里的一切随他私奔了。

后来，两人回到司马相如的成都老家，有了"当垆卖酒"的故事。

陷在爱情里的卓文君，丝毫不在意往昔的绫罗绸缎变成粗布衣裙，为了谋生，在街口当众卖起酒来。当然，也有人说，她这是拿捏了卓王孙的软肋，知道此事若传到父亲耳中，肯定会让他觉得丢不起人而施以援手。

果然，气急败坏的卓王孙最终还是心疼女儿，支援了这小两口。两人度过了一段琴瑟和鸣的恩爱日子。

只不过，爱情从来都是脆弱的，面对诱惑，人性很容易动摇。

司马相如后来得到汉武帝的赏识，事业有了起色，在长安做官做得风生水起。最初几年，卓文君依然是他心里的唯一。可随着时间越来越长，他每天生活在名利场中，渐渐迷失了自我，有了要纳妾的念头。

据说，他写了封数字信给卓文君，只有"一二三四五六七八九十百千万"几个字。聪慧的卓文君一眼便读出郎君的"无意"，写下了传世之作《怨郎诗》。

诗作之中，不仅将女子望穿秋水的相思写尽，更以一句"巴不得下一世，你为女来我做男"指出男权社会对女子的不公。

这首诗挽救了司马相如与卓文君的第一次感情危机。司马相如想起两人共同经历的那些日子，心有愧意，亲自将卓文君接到长安，很长时间都没再提纳妾之事。

琴瑟和鸣的夫妻生活如果能一直到老，自然是人间完满。可是，命运偏偏爱捉弄人。

结婚多年，两人却一直没有子嗣，这时出现的茂陵女子让司马相如再次动了纳妾的念头。对于卓文君而言，她的感情是纯洁美好的，绝不愿意与另外的人共同存在于丈夫心里。

于是，她写下了决绝的《白头吟》。如果不能一心相守到白头，那就各奔东西各安天命吧！

在故事里，司马相如再次被打动，前尘往事纷纷浮上心头。

初见时的琴声诉衷情，她不顾一切与自己私奔共患难，曾经的种种让他打消了纳妾之心。他不愿让这个有情有才又深爱着自己的女子失望，也不忍再负了她的深情。

此后，他再无别的心思，两人回归故里过着平凡生活，直至他因病去世。

关于《白头吟》的作者，清人冯舒和历史学家王立群都认为并非卓文君。

不论作者是谁，当我们读到这首诗，读出的是一个女子对爱情的专一，是她的深情和坚定。"愿得一心人，白头不相离"也因此成为后世流传千古的名句，被众人引用来表达对爱情的期许。

欲知大道,必先为史

——汉代·司马迁《史记·秦始皇本纪》(节选)

二十八年,始皇东行郡县,上邹峄山。立石,与鲁诸儒生议,刻石颂秦德,议封禅望祭山川之事。乃遂上泰山,立石,封,祠祀。下,风雨暴至,休于树下,因封其树为五大夫。禅梁父。刻所立石,其辞曰:

皇帝临位,作制明法,臣下脩饬。二十有六年,初并天下,罔不宾服。亲巡远方黎民,登兹泰山,周览东极。从臣思迹,本原事业,祗诵功德。治道运行,诸产得宜,皆有法式。大义休明,垂于后世,顺承勿革。皇帝躬圣,既平天下,不懈于治。夙兴夜寐,建设长利,专隆教诲。训经宣达,远近毕理,咸承圣志。贵贱分明,男女礼顺,慎遵职事。昭隔内外,靡不清净,施于后嗣。化及无穷,遵奉遗诏,永承重戒。

于是乃并勃海以东,过黄、腄,穷成山,登之罘,立石颂秦德焉而去。

南登琅邪,大乐之,留三月。乃徙黔首三万户琅邪台下,复十二岁。作琅邪台,立石刻,颂秦德,明得意。曰:

维二十八年,皇帝作始。端平法度,万物之纪。以明人事,合同父子。圣智仁义,显白道理。东抚东土,以省卒士。事已大毕,乃临于海。皇帝之功,勤劳本事。上农除末,黔首是富。普天之下,抟心揖志。器械一量,同书文字。日月所照,舟舆所载。皆终其命,莫不得意。应时动事,是维皇帝。匡饬异俗,陵水经地。忧恤黔首,朝夕不懈。除疑定法,咸知所辟。方伯分职,诸治经易。举错必当,莫不如画。皇帝之明,临察四方。尊卑贵贱,不逾次行。奸邪不容,皆务贞良。细大尽力,莫敢怠荒。远迩辟隐,专务肃庄。端直敦忠,事业有常。皇帝之德,存定四极。诛乱除害,兴利致福。节事以时,诸产繁殖。黔首安宁,不用兵革。六亲相保,终无寇贼。欢欣奉教,尽知法式。六合之内,皇帝之土。西涉流沙,南尽北户。东有东海,北过大夏。人迹所至,无不臣者。功盖五帝,泽及牛马。莫不受德,各安其宇。

维秦王兼有天下,立名为皇帝,乃抚东土,至于琅邪。列侯武城侯王离、列侯通武侯王贲、伦侯建成侯赵亥、伦侯昌武侯成、伦侯武信侯冯毋择、丞相隗林、丞相王绾、卿李斯、卿王戊、五大夫赵婴、五大夫杨樛从,与议于海上。曰:"古之帝者,地不过千里,诸侯各守其封域,或朝或否,相侵暴乱,残伐不止,犹刻金石,以自为纪。古之五帝三王,知教不同,法度不明,假威鬼神,以欺远方,实不称名,故不久长。其身未殁,诸侯倍叛,法令不行。今皇帝并一海内,以为郡县,天下和平。昭明宗庙,体道行德,尊号大成。群臣相与诵皇帝功德,刻于金石,以为表经。"

(1)

战火纷争,多年不息,直至秦国兼并天下,始得安宁。

秦始皇统一法度、衡石、丈尺、文字,严苛法令标准,将全国划分为三十六个郡。

二十八年,秦始皇一路向东,视察各个郡县,来到位于现今山东济宁邹城东南方向的邹峄山。

25亿年前的太古时期,它已降临人间。三次下沉、四次隆起,地球岩浆冷却后,山体形成众多奇妙的洞穴,坚硬的斜长花岗岩在岁月之中被风沙侵蚀,磨去棱角,岩石外沿圆润柔和,危石如同累卵,千姿百态。山中清凉有风,草木丛生,溪水清澈而甘美。

秦始皇登上邹峄山,内心激荡。

鲁地随行的一众臣子学士聚集在山头,与始皇商议讨论,要树立石碑,刻下颂扬秦朝功绩的文字,还要望祭山川,在太平盛世应举办盛大的封禅典礼。

之后，他们登上巍峨的泰山，这山峦凌驾于齐鲁平原之上，东临大海，西接黄河，迎着山风极目远眺，有着天下尽收眼底之感。他们在泰山立碑镌刻，积土成坛，开启了皇帝祭祀上天的仪式。

下山时，天空忽来阴云，山风呼啸，暴雨倾泻而下。始皇举步难行，就近找了棵树暂且躲避风雨。因庇护了始皇，这棵树被封为五大夫。

历代君王封泰山必禅梁父，于是，始皇一行到梁父山祭祀大地，立下石碑，碑上刻着：

皇帝即位，创设了各项制度，申明法令规则，对待臣下有违礼义的行为修治严整。二十六年，秦始皇兼并天下，各国对秦朝没有不顺从的。始皇亲自巡视远方的黎民百姓，登上这座泰山，遍览最东边的疆域。

随行的臣子仔细思量这段历史，回忆经过，将来龙去脉逐一捋清，恭敬地颂扬秦朝功德。始皇治国理政的方法运行得当，各项生产劳作妥帖适宜，一切都依照着既定的规律。社会美好清明，希望后世能够沿袭继承，万代流传不变。九五之尊的皇帝，已经平定了天下，仍旧坚持不懈地治理国家，早起晚睡，励精图治，不仅为国家谋求长远的利益，还非常重视对臣民的教导。这些规训与法度在四方宣扬，无论国土远近，都得到了治理，天下皆受到皇帝的精神指引，完全接受了皇帝的神圣意志。贵贱等级分明，男女依礼法顺从行事，臣子谨慎地遵守各自职责。内外有着明确的分别，都清净守节，希望在子孙后代能一直延续下去。教化所及，无穷无尽，应遵循先祖遗留下来的诏令，永世继承这重要的告诫。

离开梁父山之后，他们沿着渤海一路向东，经过黄县、腄县，攀登成山，登上位于现今山东烟台以北的之罘山的顶峰，在这里，又竖立了一块颂扬秦朝功德的石碑。

巡视尚未结束，他们向南而行，登上位于现今山东青岛的琅邪山。相传，越王勾践曾经迁都此地。始皇心情愉悦，在这里驻足停留了三个月。他将三万户百姓迁徙到琅邪台下，并免除他们十二年徭役。在此地大兴土木，修建起琅邪台，并立石刻碑，颂扬秦朝德业，申明符合天下的意志。刻辞说：

二十八年，始皇刚开始治理天下。他制定了公正统一的法律制度，使之成为天下万物的行为准则。用法律来明确人与人之间的关系，使父子能够协同一心。皇帝圣明智慧，又有仁义之心，将大道之理彰显无疑。

他一路向东，巡视国土所及之地，检阅军队士兵。巡视完成的时候，已抵达茫茫大海边际。皇帝的功德，在于他勤勉操劳于治理国家的根本大事。推行重农抑商的政策，百姓都过上了富裕的生活。

普天之下，国土之内，众人皆专心一志。器物有了统一的度量标准，文字书写也得以统一。日月所照见的地方，舟车所能行至的地方，众人都能领会皇帝的旨意，始皇所作所为没有不符合天下意志的。

只有圣明的皇帝，能够依据适当的时机行事。他整顿修正不良的风俗，高山不能阻碍，大河无法隔断，各地皆得到治理。他体恤安抚百姓，从早到晚，坚持不懈。用制定法令的方式消除了存疑，众人都知道应该要避免触犯法律。

郡县的统治者分别管理地方政务，各项事务的治理方法都简单易行。采取的措施必须得当，行为规则没有不整齐划一的。皇帝圣明，亲自到国土四方进行巡视。尊卑贵贱，等级分明，不逾越秩序。奸诈邪恶的现象不被容许，百姓都力求成为忠正善良的人。无论大事小事，都尽力而为，不敢懈怠荒废。不论是远处近处，还是偏僻归隐之处，都专心做到严肃庄重。为人正直忠厚，办事依据规则。

皇帝的恩德泽惠，安定了四方。讨伐暴乱，铲除祸害，兴利好之事，引来福报。行事依据时令来做安排，各类生产不断增多。天下百姓得安宁，不用再受战乱之苦。家家户户六亲相安，盗贼不再出现。百姓都快乐地遵守教化，众人知晓法律制度。

四面八方，都是皇帝的领土。最西边到达流沙，最南边到达门朝北开的地方，最东边毗邻东海，最北边越过了大夏。但凡有人迹的地方，没有不臣服的。他功过三皇，德高五帝，恩泽惠及牛马等牲畜。百姓都得到皇帝的恩泽，普天之下过着安定的生活。

秦王兼并天下，立名号为皇帝，之后他巡抚东部地区，到达琅邪。

海浪拍打着岩石，天高海阔，与心境相宜。列侯武城侯王离、列侯通武侯王贲、伦侯建成侯赵亥、伦侯昌武侯成、伦侯武信侯冯毋择、丞相隗林、丞相王绾、卿李斯、卿王戊、五大夫赵婴、五大夫杨樛随从，一众臣子在海边与始皇商议秦朝的功德。

他们说："古代称帝的人，国土范围纵横不过千里，各地诸侯守着一方受封的疆域，有的朝贡，有的不朝贡，诸侯国之间互相侵犯，暴乱与战火从未停歇，这种残杀不已、荼毒百姓的君主，都刻碑立石，记载自己的功业。古时，三皇五帝对天下百姓的知识教化不同，法律制度没有明确，借助鬼神的神秘力量来欺骗远方百姓，实在是名不符实，所以国运都不长久。有时候，人还没有死去，诸侯就已经背叛君主，法令不能得到推行。如今皇帝统一了四海，将国土划分，设立郡县，天下和谐平定。发扬光大宗庙，既明白了真理所在，又以德行布施，皇帝这一尊号才真的是实至名归。"群臣争相歌颂皇帝的功德，并将文字镌刻于金石上，作为后世的楷模。

（2）

《史记》，是中国历史上第一部纪传体通史，以严格的体例范式连贯地记录下自炎黄到汉武帝时期中华民族各个时代的史实，可谓"究天人之际，通古今之变，成一家之言"。

在史学成就上,它被列为"二十四史"之首,与《汉书》《后汉书》《三国志》合称"前四史";在文学成就上,它语言简练生动,人物形象丰满,塑造出中华民族的英雄群像,被鲁迅誉为"史家之绝唱,无韵之《离骚》"。

全书包括了十二本纪、三十世家、七十列传、十表、八书,共计一百三十篇,记载了历代帝王的政绩,诸侯国和汉代诸侯、勋贵的兴亡,人臣等重要人物的言行事迹,大事记年表及各种典章制度,等等。

《史记·秦始皇本纪》属于"十二本纪",是《史记》卷六的内容。这一篇章以编年记事,围绕秦始皇和秦二世的活动而书,讲述了始皇兼并六国,统一天下,及在建立新政权之初,制定颁布了一系列法令方针,统一制度,在政治、军事、文化、经济等方面取得重大成就的事迹,也如实写下了他因暴政和严苛的刑法而导致国家走向衰亡的历史,文中既展现了始皇的治国才能和礼贤下士的功德,也写下了他骄奢淫逸的行为和残虐昏庸的一面。之后,秦二世的作为让黎民百姓陷入更加深重的灾难之中,加速了秦朝的灭亡。

司马迁以史料为基础,客观公正地将历史呈现在字里行间,后世读者在阅读的过程中如同亲历了那段岁月,真实感知到人性的复杂与伟人的功过。纵观历史,看世代兴衰起落,感受人物命运的波澜起伏,更能让人体悟到世间万物运行背后的大道,引发深思。

在《史记》这部经典著作之中，我们通过阅读那些精彩生动的故事得以穿越时空，追寻到中华文明的根基和血脉。中华子孙究竟从何而来，又是如何开创了中华文明史？读者都能从书中得以知晓。

如今，《史记》中的故事已经走进千家万户，许多成语都出自其中，比如沐猴而冠、网开一面、破釜沉舟、纸上谈兵等等；一些成语故事更是连孩子都耳熟能详，比如卧薪尝胆、完璧归赵、指鹿为马、负荆请罪、毛遂自荐等等。

一部《史记》，展现了中华民族的历史渊源与精神传承，让先贤们的智慧历经万代流传至今。

（3）

说到《史记》，就不得不提到作者司马迁。

他生于西汉时期的小康之家。当时，汉武帝治理有方，天下太平，在长安城中长大的司马迁赶上了盛世繁华的好时候，在父亲司马谈的教育下，他十岁就能诵读《尚书》《左传》《国语》等古文。

二十岁那年，他已学有小成，在父亲的教导下，开始了游历天下的旅程。他从长安出发，一路向着东南方向前行，经江陵，到湘西，之后到九嶷山缅怀舜帝，又北上长沙，到汨罗凭吊屈原，感受家国之情，登庐山，在会稽山探禹穴，上姑苏，望五湖，到齐鲁之地观孔子遗风……沿着历史的印记，追寻那些伟大人物的足迹，这趟旅程也为司马迁著书《史记》奠定了基础。

回京后,司马迁因父亲而入仕为官,成为郎中。

司马家自上古时代起,便世代为掌管历史的天官,父亲司马谈心有宏愿,想要撰写一部浓缩了中华民族数千年历史的大规模著作,尽书社会百态与朝代兴衰更替,但他深知这样巨大的修史任务必定得传承下去,经过几代人的努力才有希望完成。

于是,在弥留之际,他握着司马迁的手说道:"我们的祖先在周朝就是太史,如今,我无法记载历史文献,心愿未了,在我死后,你做了太史,一定要记得继续书写我想编撰的那部史书啊!"司马迁含泪应允。

往后的岁月里,司马迁终生都是为完成著述而活。他遍访圣贤,考据历史,"述往事、思来者",中途,他因为"李陵

之祸"被构陷定罪,面临死刑,为了保住名节,他本可以以身赴死,但想到父亲的遗愿未了,他不能死。为了不辱没司马家的修史精神,在那样艰难的时刻,司马迁做出了以腐刑赎死的痛苦抉择。

如果不是司马迁忍辱负重、发愤著书,就不会有这部记载了中华民族三千年历史的经典巨著。

读《史记》,读的是所有中华儿女的历史,《史记》记录的是一份博大的家国情怀和民族精神,也是为理想不惧生死的勇气与正直忠诚的灵魂。

这部著作,凝结了司马迁毕生的心血。透过历史,我们可以看见那世情背后的睿智与不朽的人生意义,更感知到那份传承千年的史学精神。"述往事、思来者",司马迁没有辜负父亲的心愿,而我们,也得以在史书典籍中找到中华民族的根基和灵魂。

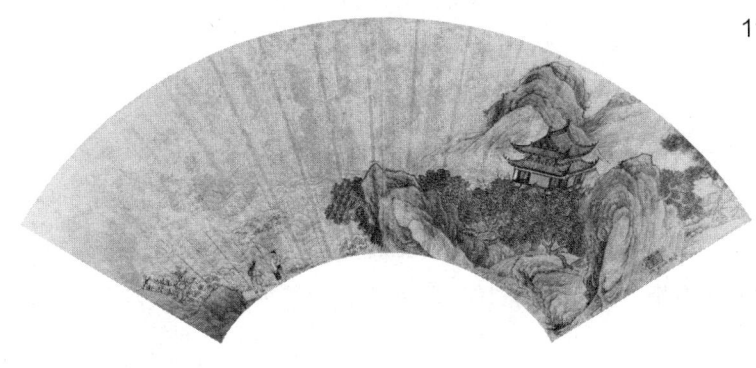

岁月以待相思

——汉代·无名氏《行行重行行》

> 行行重行行,与君生别离。
> 相去万余里,各在天一涯。
> 道路阻且长,会面安可知?
> 胡马依北风,越鸟巢南枝。
> 相去日已远,衣带日已缓。
> 浮云蔽白日,游子不顾反。
> 思君令人老,岁月忽已晚。
> 弃捐勿复道,努力加餐饭!

(1)

清晨晓风拂面,杨柳依依。

又到了春光明媚的季节,万物似乎都开始迎风生长。可她丝毫提不起劲儿来，懒洋洋在床上赖了许久，才起来更衣梳妆，眼角尚挂着未干的泪痕。

昨晚又梦见他了。自从成婚以来，他们一直是聚少离多，分隔两地。白日里时时思君不得见，只能等待夜晚入梦来相会。

他们在树荫下铺上茶席，取来山泉煮水，饮茶闲谈，他像往常一样温柔地微笑着，轻轻揽过她的肩，让她依偎在身旁，直至月上树梢头。

清晨，荷叶在微风中如碧波荡漾，他牵起她的手，在庭院的池塘边赏荷，淡淡晨曦与粉色的荷花映照着彼此，空气里都飘浮着清新愉悦的味道。

如此种种，是她想要的生活。

靠近他的温暖愉悦还萦绕在她的心头，一觉醒来，却见枕边空空如也，屋子里寂静到能听见心跳的声音。她舍不得醒，想要再睡过去，翻来覆去半晌，才懒懒地起身，倚靠在窗前的栏杆上发呆。

生别离，数相思无穷无尽。

丈夫一次又一次地离家远去，行走在广袤的大地上。她悉心收拾好行囊，想着山高水远，一定得准备好换洗的衣裳和充足的干粮。她微笑着送丈夫出门，柔情依依地挥着手告别，嘱咐他早些回来。

而他不知，每一次，她都要站在门口张望许久，再匆匆跑上楼，看着他的背影在路上变得越来越小，直至消失不见。下楼的脚步声听起来空洞而落寞,像极了她的心。

在她心里,生活是简单质朴的。每天晨起,为丈夫洗手做汤羹,为家人洗衣烹茶,在忙活累了的时候,坐下来一起歇凉闲谈,便是人间好日子。能与有情人朝朝暮暮,哪怕粗茶淡饭,她也能过得有滋有味。

丈夫心有四海,她是无法感同身受的。"相去万余里,各在天一涯。"每一次离别,都隔着千万里的山水,那一座座高山,一条条大河,是她站立在原地挥舞着的双手,也是她依依不舍的心。

这一次,他又离开许久了,已是冬去春来。

窗外的树枝抽出星星点点的嫩芽,远行的候鸟开始陆陆续续地回来,在屋角,在草地,或飞翔,或蹦跳着,一派重归故里的热闹。

她轻轻叹了口气,离开窗边。

白天的时间倒还好过些,她总会细心将家中收拾得干净整洁,无论丈夫在何时回来,都能感受到家的舒适与温暖。可是到了夜深人静时,孤独与思念便止不住地往外冒泡,若是恰逢风雨夜,更是愈加不能自已。

风声如诉,雨声如泣,是天地亦感知到她的心境了吧?

时间一天天过去,树叶绿了又黄,花开了又谢。

这天，一片枯叶飘进房间，旋转着，随之落在床边。时光流转，四季轮换，等待的人依然没有归来。

她打开衣柜，换上丈夫最爱看她穿的那件衣裳，衣带缠绕一圈又一圈，最近又消瘦不少。

坐在梳妆台前，看着镜中的自己，她的思绪开始游离。

不知道丈夫在外是怎样的境况，可曾像她思念丈夫一样，也会思念远在家中的妻子？

窗外的浮云在天空缓慢地移动，地面的阴影时浓时淡，光阴就在这缝隙间悄无声息地流逝。何时才能盼得与丈夫团圆？

北方的马儿会撒开蹄子狂野奔跑，但无论走到哪里，还是会依恋呼啸的北风；南方的鸟儿会自由自在地飞翔，但无论飞到哪里，总会将巢筑在南方枝头。可是远行的丈夫，却似乎没有归家的想念。

瑟瑟冷风钻进屋子，她打了个喷嚏，赶紧将窗户关上。

好多的心里话，无人可诉，此时，她也不愿再说思念的苦楚。很快又要到年关了，只希望身在远方的丈夫能够暖衣饱食，千万别受了饥寒。也希望自己能够振作起来，保重身体，以待来日相见。

（2）

这是一位女子的内心独白，她独守家中，期待着丈夫远行归来，却日日不得相见。

与君分别后，相聚遥遥无期。在天涯各一方的境地里，思念不停发酵，浓烈得如同一杯高度酒，不饮则已，一饮便醉。

这杯思念的酒，让女子感到痛苦，却又忍不住在孤独的深夜里一再独饮。

经历过分别的恋人，对这样的心境再熟悉不过了。

就像有句歌词里唱的："我一个人不孤单，想一个人才孤单。"是因为思念，才让人有了寂寞的情绪，哪怕是身处热闹的人群之中，缺失了他的陪伴，内心也是空洞的。

看着丈夫一次又一次将背影留给她，任其独自黯然神伤，她内心是有埋怨的。飞禽走兽尚且能够对故乡眷恋，人怎么会没有相思？可眼看着时间飞逝，她仍旧形单影只地在家中徘徊。

数着分开的日子，看着窗外四季变换，等待的时间总是特别漫长。

一个人的时候，最容易胡思乱想。在那个时常有动乱的年代里，女子难免会担忧丈夫在外的安危。路途之中必然历经坎坷，不知道丈夫过得如何？有时候想得深了，她也害怕哪一次如常的告别就会成为今生最后一次相见。

许多时候，正是无端的猜测让人感到压抑和郁闷，凭空而来的忧愁情绪折磨着内心，在现实没有得到改变之前，这情绪亦无法缓解，反而会随着时间愈演愈烈。

诗中女子想必已在脑海里演出了无数个剧本，却也只能是自己编排的一出独角戏。

去日已远，还是没有听到丈夫归来的消息。在这样的担忧与思念中，女子茶饭不思，日渐消瘦。

一根无形的线连接着心上人，无论走到哪里，相隔多远，他们彼此之间都被情感维系着。

这份牵挂消磨着她的精气神，仿佛透过镜中望去，当初的

美人已迟暮，相思的苦楚呈现为身心的憔悴，但终归还是割舍不下内心的牵挂。

是啊！青春如晨曦，美丽动人，却又转瞬即逝。

可是，那千万重山水的阻隔，对于古代的女子而言，是无法横跨的鸿沟。茫茫天地之间，就算是有心去寻，也不知该走向何方。

该怎么办才好呢？她左思右想，不得其法，末了，苦笑一声，作罢作罢。与其在这里自我折磨，倒不如振奋起精神，别去想些有的没的，让自己吃饱睡好、保养好身体才是正道，不然哪有什么来日方长？

这首诗末尾的两句，忽然不再念念叨叨相思苦，转而自我安慰起来，却恰恰真实地反映出女子的一片深情，意蕴深婉，引人回味。

无处安放的余生

——汉代·无名氏《十五从军征》

十五从军征,八十始得归。
道逢乡里人:"家中有阿谁?"
"遥看是君家,松柏冢累累。"
兔从狗窦入,雉从梁上飞。
中庭生旅谷,井上生旅葵。
舂谷持作饭,采葵持作羹。
羹饭一时熟,不知贻阿谁!
出门东向看,泪落沾我衣。

(1)

兵荒马乱的战场上,旗鼓喧嚣,震耳欲聋。
一支利箭闪着银光飞驰而来,从我的肩头擦过,嗖的一声,背后有人应声倒地。我来不及看清那是谁,一把大刀迎面挥舞过来,手中的剑像是有了生命,在千钧一发之际挡住了刀刃,冷兵器交错碰撞出尖锐的摩擦声,我与敌方士兵嘶吼着奋力搏杀,拼尽最后一丝力气扑向对方。

画面一闪,战争已经结束。

广袤的大地上,尸横遍野,散发着血腥的味道。一群群秃鹫在空中盘旋,不时俯冲下来,三五成群,啄食着已经开始溃烂的尸体。

我们这些侥幸活下来的人,忍着伤痛,相互搀扶着继续行军。那股浓郁的味道一直停留在鼻腔里,久久无法消散。

生逢乱世,几乎没有给人喘口气的时间,就要赶往下一个战场。

这年复一年,脑子里充斥着厮杀的叫喊和锣鼓声,片刻不得安宁。而我的身体,已经日渐衰老无力,连跟上行军队伍都感到有些吃力。

忽然,脚下被什么东西绊了一下,我一个踉跄扑向前。眼前一片漆黑。

睁开眼时,四下里并无旁人,只听见虫鸣鸟叫和簌簌风声。一切都很平静。

哦,原来是个梦。这么多年来,我常常在梦中回到战场,那些刀光剑影的搏杀攫取了意识,让所有神经紧绷着,即便在梦中也无法放松片刻。

我已经记不清有多少次与死神擦肩而过，又有多少次从梦中叫喊着醒来。

想起刚出征时，我还是个十五岁的少年呐。

懵懂如牛犊的年纪，意气风发。离开家乡的时候，我怎么也不会想到，接下来的一生将会在战场上度过。

一只秋后的蚱蜢蹦跳着从眼前的草丛里闪过，我靠在树上动了动腿，年迈的双腿已经有些弯曲变形。如今，已垂垂老矣。八十岁啦，拖着耄耋之年的躯壳，才终于走上归乡的路途。

回乡的路山高水远。我离开得太久，终年辗转于不同的战场，早与亲人们失散了联系。

他们的脸庞在一次又一次的回忆中逐渐淡化，就像洗过多次的旧布衫，已然失去原本的光鲜色泽。

不知道他们现在都怎么样了。

那些关于"家"的记忆，曾在无数个岁月里温暖过我，也曾让我在每一次伤痕累累时泪流满面。后来，渐渐就想得少了，不是想不起来，而是不忍去触碰。

在这乱世之中，根本无法预测自己还有没有明天，我原以为，战死沙尘便是我的归途。

离家越来越近了，熟悉又陌生的土地在脚下延伸。

一只黑色的大鸟从头顶飞过，发出嘎嘎的尖利叫声。远远望去，田埂上有个在劳作的人，我朝他走去，挥了挥手，问道："是村里人吗？"

农夫摘下草帽，点了点头。

我站在原地，竟有些哽咽，踌躇半晌，才报上姓名，问道："你可知道我的家人都还有谁在？"

农夫愣住了，上下打量我许久，有些犹疑地抬起手臂指向半山腰。

顺着他手指的方向看去，我瞬间明白了他的沉默不语。

那是一片丛林茂密的山头，风吹过树木，松柏之间隐约可见一座座拱起的坟墓。我伫立在那儿，呆呆地望着，不知道过了多久。

是啊，已经过去这么多年。战场上的我生死命悬一线，在家中的亲人们又何尝能安然度日？

我曾在多少个日夜里想象着有朝一日与他们重逢的情景，却从来不敢与人谈论，生怕一开口就再也止不住思念的潮水。

可是，这思念终究无处寄放，成为我心里一道永恒的伤。

（2）

我拄着小木棍爬上山坡，看见那熟悉的屋角出现在眼前时，不自觉地加快了步伐。

房屋已经破败不堪，大概很久没人居住了吧。一只胆小的野兔在门口瞧见我，飞快地从狗洞里钻进去，不见了踪影。

大门摇摇欲坠地挂在一侧，我小心地踏上石阶，正在屋内散步的野鸡受到惊吓，慌张地四处乱窜，不得已之下扑棱着翅膀飞到横梁上，吃惊地盯着我这位不速之客。

昔日热闹与温暖的家随着那个十五岁的少年，一去不复返。

妈妈蹲在天井旁洗衣刷碗的模样，似乎还停留在我的脑海里。曾几何时，我常常从屋外冲进来，直奔左侧的厨房，可她的笑脸已在空气中消散。

如今，少年已是八旬老头，整洁的庭院内荒草丛生。眼下的方寸之地，野谷被啄食得垂头丧气，井边爬满了厚厚的青苔，一颗葵菜若无其事地从夹缝中生长出来，似乎要一探究竟。

我闭上眼，只听见空气流动的细微声响，久无人居的院内，连气息都变得陌生。

太阳逐渐西移，我稍稍整理了一下灶台四周，从庭院里摘了些野谷子，舂去谷壳，生火做饭。又采了些葵菜叶子来，洗净了做羹汤。

一个人在断壁残垣间来回走动，像是在不断捡拾旧日里的记忆，妄图拼凑成一张依稀可辨的老场景。

炊烟袅袅升起，菜汤咕嘟嘟沸腾。

饭菜马上就要熟了，我抬起头四下张望，却没有一个可以呼唤的人。亲人们齐齐聚在山坡林间，将身躯安放在冰凉的坟冢内，从此远离世间烟火，独独留下我一人蹲在灶台旁，默默地扒着碗里的饭菜。

远行苦，思念如影随形。多少年过去，企盼着归家的愿望终于得以实现，却依旧是苦，在这冷冷清清、无比寂寥的"家"中，再无亲人可共享一顿温粥。

老屋、荒园、野草和我，都像是被这个世界遗弃的物件，此时此景，悲从心生。

这一草一木，在微风中轻轻摇摆，像是在对我诉说它们见证的兴衰变迁。这些年来，何止战争苦，从家中器皿破旧的程度，可以想见亲人们艰难度日的模样。

不知道在我离家的日子里，他们都经历了怎样的苦难。无处可闻，我也无法再弥补分毫。一切都被封缄于历史的尘埃里。

我捡拾起身边的那根已经被磨得光滑的小木棍，吃力地站起身来，向外走去。

好想再看一眼亲人的面孔，哪怕只是一眼，也足以慰藉我所有的期待。可是，向着东方望去，茫茫山峦，雾霭弥漫间，依稀可见青冢座座，耳边再无乡音呢喃。

（3）

这首乐府诗以八十岁才从战场退伍归乡的老翁视角，讲述了他回家的所见所感，语言平实质朴，却感人至深。

十五岁的少年郎离家征战，一晃几十年过去，成为八十岁的老翁。生活在动乱年代，被残酷的兵役制度所奴役，人的一切有若草芥，生死都如此卑微。

诗中并未讲述战争中的遭遇，只是摘取了回乡后的几个片段，却让读者得以窥见老人内心波澜壮阔的情感冲击。

一生如蜉蝣，匆匆而过。老翁很想知道亲人们的现状，却又害怕得到的是让人更难以接受的现实。路遇乡里人，一句"家中有阿谁"，是他鼓足了勇气才敢问出的话。想必乡里人亦为之心酸，没有正面回答他的问话，只是指着山上某处道："遥看是君家，松柏冢累累。"寥寥几个字，不必多言，老人的心一定是哀痛的，可诗中并未对他的情绪进行任何描写。

终于回到家中，老人眼中所见，是上蹿下跳的野兔、野鸡，是中庭和井边的野谷、野菜。几处蒙太奇画面的拼接，向我们展示了一副萧条清冷、破壁残垣的景象。

从此，再也看不见亲人的面孔，听不见亲人温暖的呼唤，只剩归家的老人孤零零在残破的庭院内，"舂谷持作饭，采葵持作羹"。

他不声不响地煮饭做菜,没有加入任何情感描写,全诗至此,都平静得让人怀疑,是不是看多了战争中的残酷,老人已经能够接纳所有生死离别?

可是,一句"羹饭一时熟,不知贻阿谁"让读者的心一下子跌落到谷底。几十年的生离,几十年的沙场,几十年的思念,几十年的期盼,在这一刻,全都化成老人内心无底的空洞。惆怅而悲伤的大风呼呼吹着,穿过空无一人的老屋,将他心里的伤痛吹得生疼。

老人、坟冢、荒园、野禽,诗中描绘的画面是如此悲凉,却始终只是用白描的手法平铺直叙,似乎在按捺着、隐忍着,直到最后一句"出门东向看,泪落沾我衣",将全诗的情感推向至高点。

他再也忍不住内心无法控制的情绪,却也只能是孤独静默地望着东方,任眼泪哗哗流下,斜阳孤影,老泪纵横。

谁又能想到,十五岁出门从军的少年,竟然会成为这个家庭里唯一幸存的人?

兴,百姓苦;亡,百姓苦。在动乱的时代里,哪里会存在安居之所?作者并无只言片语谈及社会,读者却能从中得以窥见生活在那个社会的黎民百姓会有多么辛酸。

每每读到此诗,都忍不住想要拥抱身边的亲人,想要有多一些时间去陪伴亲人。人生短短几十年,食有粥可温,闲有茶可饮,还有亲朋好友可以互相呼唤,这就是人生莫大的幸福啊!

一首给东汉的挽歌

——汉代·曹操《蒿里行》

关东有义士,兴兵讨群凶。
初期会盟津,乃心在咸阳。
军合力不齐,踌躇而雁行。
势利使人争,嗣还自相戕。
淮南弟称号,刻玺于北方。
铠甲生虮虱,万姓以死亡。
白骨露于野,千里无鸡鸣。
生民百遗一,念之断人肠。

（1）

东汉中平六年（189年），四月，汉灵帝驾崩，整个东汉陷入动荡巨变之中。

然而，这一切由来已久。

自他十二岁登基，成为名义上的皇帝，整个国家就朝着衰亡迅速坠落。

登基不到两年，他不明就里，听信宦官所言，造成了第二次党锢之祸。祸害延续十几年，直至光和七年（184年）的黄巾起义，党人方才被东汉政府赦免。

他一生政治昏庸，放任宦官当权，朝廷腐败；经济上，他沉迷于敛财的勾当，一众皇亲亦是财迷心窍，个个想着法子私吞国家财产，不断积累个人财富。

为了聚敛钱财，他甚至公开卖官，分等级定价格，使得官员频繁更换，而受利益驱使，买官者大多一上任便大肆搜刮，黎民百姓苦不堪言。

除了敛财，他平日里便是只顾吃喝玩乐，酒池肉林，歌舞淫乐。东汉盛世景象在他的手里逐渐衰败，民不聊生，惨状如人间地狱。

汉灵帝生性好色，一生放荡不羁，却只留下两儿一女。汉灵帝驾崩之后，年仅十四岁的皇子刘辩即位，九岁的刘协被封为渤海王，后改封陈留王，太后临朝主政，宦官与士大夫两派之间的斗争愈加激烈起来。

一天，有人向大将军何进提议，把董卓的军队调入京城，借势对付宦官势力。

何进心想，这是个好主意啊！眼下，袁绍和曹操这等士大夫精英都在自己的麾下，若是灭了宦官，岂不是国家军政都在他一人手中？

于是，他欣欣然接纳了此人的建议。

殊不知，他在士大夫集团的眼中不过就是一介屠夫，沾了妹妹的光成为国舅，走运成为大将军，哪里有资格领导士大夫？如今，不过是刚好站在两方权力之间，若是士大夫真的将宦官灭了，他也就没什么作用了。

董卓听到这个消息，当然高兴极了！在这种两方权势争夺得如火如荼时，作为第三方强军直入，岂不是刚好得渔翁之利？

士大夫们得知何进要邀董卓等引兵前来，大肆反对，但反对的人都被何进给发配到各地募兵和打仗，剩下的人虽内心不满，也只能闭嘴，让封疆大吏们率军在洛阳城外驻扎，以演出一场全国人民都强烈要求除去宦官的景象。

但有一人却不这么想，那就是袁绍。他一心要将宦官除之而后快，一边催促董卓方上奏要领兵入城，一边以"窦武被杀"威胁何进。

宦官们原本是想投靠何进的，甚至在被逼无奈时向他请罪。何进没有想赶尽杀绝，只想让他们回各自的封国罢了。但他任命了袁绍为司隶校尉，袁绍得了这等权力后，假借何进的名义对宦官的家属进行抓捕。

宦官们被逼上绝路，只能杀了何进。此后不过短短百余日，东汉走向灭亡。

(2)

大将军何进被杀后，袁绍率兵对宦官大肆屠杀，甚至有许多不是宦官的男人也惨死在这场杀戮之中。

另一方面，早已蓄势待发的董卓发现洛阳城内战争打响，遂趁着朝廷一片混乱之际，率兵进入京城。巧极的是，进兵洛阳的路上，他们竟在黄河岸边发现了少帝刘辩和陈留王刘协，于是假借迎主回朝，顺利进入京城。

董卓虽兵力强盛，但他终归只是一名武将，威望不够。为树立权威，他强行将即位不久的汉少帝刘辩罢黜，改立陈留王为帝，如此一来，便可挟天子以令诸侯。

一时间，皇帝频繁更换，年号改来改去，五花八门，189年的历史大事层出不穷，可谓乱成了一锅粥。

袁绍和卢植等人虽反对董卓改立新帝的做法，但迫于兵力无法与之抗衡，改变不了既定的结局。

董卓臭名昭著，所到之处皆民不聊生，他废黜皇帝的做法更是令汉室忠臣极度不满。

次年正月，山东各地的刺史、州牧、太守等纷纷起兵，推选袁绍为盟主，讨伐乱臣董卓。这便是诗中起头所说"关东有义士，兴兵讨群凶"。

看起来，这群"义士"是为了拯救天下苍生，除恶人董卓以匡扶社稷。一众人等在酸枣开了誓师大会，十万兵马将洛阳城围得水泄不通。这便是"初期会盟津,乃心在咸阳"。

原本,董卓也害怕了,这么多人来围攻,怕是要卷铺盖走人为上计。但万万没想到的是,对手"军合力不齐,踌躇而雁行"。这支联盟军各怀鬼胎,想的不是齐心合力除掉董卓,而是借起兵讨伐的机会扩张自己的地盘。到了城外,竟然逡巡相望,没有人上前迎战,生怕损耗了自己的兵力。

这群"义士"军团成员里,只有两个人豁出性命去跟董卓交锋,那就是曹操和孙坚。

初次进军,曹操只率领了几千士兵,还没有大肆开战就被董卓麾下的猛将打得落花流水,只得返回酸枣。

但他没有就此放弃,一边给将士们鼓劲,一边制订全新的作战计划,想着与袁绍、袁术兵分三路,围攻包抄。但这也只是他一厢情愿的设想,袁绍和袁术并不买他的账。

原本以"义士"之名会师的联军,却是空有形式,并非一心。为了各自的利益,联军之间开始了争夺战,互相厮杀起来。正是"势利使人争,嗣还自相戕"。

盟军以袁绍为首,却也正是他与堂弟袁术最先挑起内斗。袁绍夺取了韩馥的冀州,袁术的猛将孙坚在与荆州刺史刘表的斗争中战死,之后,两兄弟也决裂了。另一边,曹操与徐州陶谦开战,刘岱杀死桥瑁,孙策进攻江东,各股势力割据一方，诸侯之间战乱杀戮不休。

（3）

曹操这首诗，以民歌的形式，对汉末时的军阀混战进行了真实记录，展露了当时社会的黑暗和苦难。

作为这场混战中的亲历者，曹操有着更为直接的情感体会。他是著名的政治家、军事家，有着纵观天下的格局与忧国忧民的情怀，在他眼前，一面是董卓的大逆不道，一面是众诸侯为了私利的纷争战乱，无一不让人悲怆愤懑。

《蒿里行》原本是汉乐府的旧题，是当时人们送葬时所唱的挽歌。除了《蒿里行》，曹操还写过一首《薤露行》，《薤露行》这个乐府曲调名，原本也是送葬的挽歌。后世之人多认为，此两首诗互为姊妹篇，《薤露行》是哀君之作，悲悼王公贵人；《蒿里行》是哀臣之作，为士大夫和庶人叹咏。

诗的前半部分，揭露了军阀丑恶的嘴脸。他们打着"义士"的旗号发动战争，却在面临强敌时懦弱畏战，各怀私心，到后来，更是为了各自利益自相残杀。

从"铠甲生虮虱，万姓以死亡"往后，则描绘出天下黎民百姓在水深火热中奄奄一息的情境。连年不停的征战，使得将士们被长期裹在盔甲里，身上长满了虮子和虱子，无数的百姓在战乱中丧失性命。

眼中所见，是"白骨露于野，千里无鸡鸣"。白骨在荒野里堆成了山，广袤的大地上寥无人烟，一片死寂，连鸡鸣声也听不到。整个国家如同一座巨大的坟墓，丧失了原本的活力，变得凄冷而荒凉。

在结尾时，一句"生民百遗一，念之断人肠"，读来更是令人痛彻心扉。

这是怎样的一幅景象啊！兵连祸结，灾难重重，无尽的战争让百姓难以幸存，就算是勉强活下来，也只能面对妻离子散、哀鸿遍野的人间地狱罢了。

全诗用简洁的白描手法，一气呵成，直抒胸臆，却在读者眼前展开了真切的历史画卷。时隔几千年，仍不免为那些生于动乱年代、饱受战争之苦的百姓感到悲伤。

文学批评与创作价值

——汉代·曹丕《典论·论文》

文人相轻,自古而然。傅毅之于班固,伯仲之间耳,而固小之,与弟超书曰:"武仲以能属文为兰台令史,下笔不能自休。"夫人善于自见,而文非一体,鲜能备善,是以各以所长,相轻所短。里语曰:"家有弊帚,享之千金。"斯不自见之患也。

今之文人:鲁国孔融文举、广陵陈琳孔璋、山阳王粲仲宣、北海徐干伟长、陈留阮瑀元瑜、汝南应玚德琏、东平刘桢公干,斯七子者,于学无所遗,于辞无所假,咸以自骋骥骤于千里,仰齐足而并驰。以此相服,亦良难矣!盖君子审己以度人,故能免于斯累,而作论文。

王粲长于辞赋,徐干时有齐气,然粲之匹也。如粲之《初征》《登楼》《槐赋》《征思》，干之《玄猿》《漏卮》《圆扇》《橘赋》，虽张、蔡不过也，然于他文，未能称是。琳、瑀之章表书记，今之隽也。应玚和而不壮，刘桢壮而不密。孔融体气高妙，有过人者，然不能持论，理不胜辞，至于杂以嘲戏。及其所善，扬、班俦也。

常人贵远贱近，向声背实，又患暗于自见，谓己为贤。夫文本同而末异，盖奏议宜雅，书论宜理，铭诔尚实，诗赋欲丽。此四科不同，故能之者偏也；唯通才能备其体。

文以气为主，气之清浊有体，不可力强而致。譬诸音乐，曲度虽均，节奏同检，至于引气不齐，巧拙有素，虽在父兄，不能以移子弟。

盖文章，经国之大业，不朽之盛事。年寿有时而尽，荣乐止乎其身，二者必至之常期，未若文章之无穷。是以古之作者，寄身于翰墨，见意于篇籍，不假良史之辞，不托飞驰之势，而声名自传于后。故西伯幽而演《易》，周旦显而制《礼》，不以隐约而弗务，不以康乐而加思。夫然则，古人贱尺璧而重寸阴，惧乎时之过已。而人多不强力，贫贱则慑于饥寒，富贵则流于逸乐，遂营目前之务，而遗千载之功。日月逝于上，体貌衰于下，忽然与万物迁化，斯志士之大痛也！

融等已逝，唯干著《论》，成一家言。

（1）

曹丕，乃是曹操之次子，也是三国时期魏国的创始者。

他生而聪颖，自幼便习得弓箭和骑马之术，且饱览群书，四书五经反复诵读，诸子百家熟记于心。满腹诗书与家庭环境的熏陶让他有了文学创作的基础，才华渐露。

然而，在建安之前，辞赋诗文被视为雕虫小技，不足以为后世彰显大义。曹丕却在文学领域形成了自己独到的见解，感受到了书写与个体生命的价值之间有着独特的连接。

他提出，写作对于培养审美和塑造精神有着功不可没的作用。从此，诗赋有了新的意义。

曹丕一生著作丰富，是建安文学的重要代表人物和积极倡导者。论他的文学成就，不得不提到中国最早的文学理论与批评著作——《典论·论文》。

《典论》是曹丕书写的一部关于国家大事的论文总集，按照"子"书的形式而作，包含了政治、社会、道德和文学。可惜的是，这二十一篇文章大部分都只剩下残章断简，唯有此篇《典论·论文》被南朝萧统收录进《昭明文选》，得以完整保留下来，成为中国文学批评史上的第一部文学专论。

开篇伊始，他便一语道破"文人相轻，自古而然"。文人之间为什么会互相轻视呢？他拿傅毅和班固两个人来举例说明。

一个是东汉辞赋家,一个是东汉大臣、史学家、文学家,两个人的文才不相上下,可是班固对傅毅显然瞧不上,在写给弟弟班超的信里说:"傅武仲因为能写文章才当上了兰台令史,但他写的东西洋洋洒洒,不知休止。"

在曹丕看来,这是因为文人通常都只看到自己所擅长的方面,但文章并非只有一种体裁,没有谁能将各种文体都驾驭得完美,但大家都是从自己擅长的方面出发,轻视他人的不足之处。就像俗语说的:"家中有把破扫把,却视若千金珍宝。"这是看不清自己的不足。

接着,他说到建安七子,即:鲁国人孔融孔文举、广陵人陈琳陈孔璋、山阳人王粲王仲宣、北海人徐干徐伟长、陈留人阮瑀阮文瑜、汝南人应玚应德琏和东平人刘桢刘公干。

这七人都是学识渊博之士,通晓古今,并且在写文用词上颇有创新,并非沿用前人的言语,可以说,在文学上各有建树,就像奔驰的良驹并驾齐驱,自由驰骋。但想要让他们互相钦佩,也是困难得很呐!

曹丕从审己度人出发,观照自身,以避免陷入文人相轻的境地,从而写下这篇文章。

(2)

建安七子各有风格,创作的体裁和个性也并不相同。

王粲所擅长的是写辞赋,徐干的文章风格舒缓,但王粲是能与之相匹敌的。例如王粲写的《初征赋》《登楼赋》《槐赋》《征思赋》，徐干写的《玄猿赋》《漏卮赋》《圆扇赋》《橘赋》，就算是张衡和蔡邕，也无法超越这些篇章。但王粲和徐干写的其他文章，就没法与之相匹敌了。

陈琳和阮瑀写的章、表、书、记，是当今才有的文章体裁。应玚的文风柔和但气势不够壮阔，刘桢的文风有气魄却又不够细腻。孔融的文章气韵悠远高雅，妙语如珠，超越众人，但他立论不行，说理之文不如言辞那般绝妙，甚至夹杂着嘲弄戏谑的语言。但在他擅长的体裁上，是可以和扬雄、班固齐名的。

一般人常有贵古贱今的思想，看不上与自己同时代的人，认为名声大的就是好的，既不从实际出发，又看不清楚自己的毛病，认为自己贤能。所以，才有了文人相轻的现象。

可实际上，文章的本质都是用文字修辞来表达内容和思想情感，在这一点上是共同的，具体而言，不同的内容又有着不同的表现形式和语言需求。比如，奏章和议文适合用文雅的词语，书信和论说适宜用说理性的文字，铭文和诔词以崇尚事实为佳，诗和赋则应该用词优美华丽。

曹丕开创性地将文体分为了四科八体，从不同的表现形式、语言类型、文章风格等方面出发，提出文体的不同风格特质。

据此表示，一般的文人都有自己擅长的体裁和语言类型，只有少数全才能够驾驭各种文体且都写得出彩。因此，在进行文学批评时，应当站在历史的公正的角度，实在是不必尊古卑今，或是以己之长度人之短，互相之间轻视和贬损。

欣赏文学作品时，应当看其间的气韵，这是由文人独有的才气与个性所形成的。文气有清有浊，就像人有阳刚之气和阴柔之气，不是使蛮劲勉强努力就能达成的。

比如各种音乐，虽然曲调和节奏有着统一的衡量标准，但乐曲的气韵和发声并不是整齐划一的，这就带给人不同的感受，或精巧，或笨拙。

这些差异是天赋素养造成的，每个人都有着自己的气质，就算是父亲和兄长，也没法将之传给儿子和弟弟。

建安七子的文风各有特色，这与他们各自的才能和气质是相匹配的，独有的个性差异使得他们的文学作品也体现出强烈的个体特征。可是，由于创作风格的形成受到自然禀赋和心理层面上的影响，个体的文学作品拥有了一种"自觉性"，这种独特性是无法传授的。

曹丕不仅在历史上首次提出文体分类和各类体裁之间的差异化语言风格，而且在文学批评上提出了在当今依然有着指导意义的观念。

在他看来，很多文人互相之间难以首肯，是出于认识论的问题，然而，在写作技巧上，个体之间各有所长，要正确客观地进行文学批评，就要抛弃以"名声"和"自我视角"出发的陋习，这样，文学创作才会有更大的包容和空间，从而愈加繁荣。

此外，他将作品与作家自身的修养结合在一起，我们常常说文中有气韵，或是某篇文章的气眼很好，都与作家自身的个性气质脱不开干系。人是创作的媒介，因而书写下来的文字也必然带着作者本身所独有的才气。

（3）

这篇文章在中国文学理论批评史上具有划时代的意义，不仅仅因为它是严格意义上的首部文学理论专著，更为重要的是，曹丕将文学创作的地位和价值拉到了殿堂级的高度，给予了史无前例的高度评价。他提出，文章乃是"经国之大业，不朽之盛事"，仅这一句话，就足以使本文成为被后世铭记的篇章。

在此前的漫长历史岁月中，文学都只是旁枝末节，不可与经学相提并论。直至汉末时期，文学才逐渐与经学分离开。

《左传》提到三不朽："太上有立德，其次有立功，再次有立言。"曹丕从中将"立言"提出，认为人的寿命短暂有时限，荣华富贵也生不带来死不带去，在漫长的历史中只是过眼云烟，二者都是有期限的，但文章能够世代流传，不必受制于时间的易逝，即便世间沧海桑田，那些思想见解和情感观念都依然在流传，个体的精神由是得以延续。

如此一来，"立言"就有了比"立德""立功"更重要的地位，这使得文学创作有了新的意义，且意义非凡。

古代的作家投身于文学创作之中，将自己的思想见解和情感观念放在文字篇章里，正因为如此，他们不必借助那些史官的记录，也不必依托达官贵人的权势，就能够让自己的声名在后世流传。

比如周文王，不因为处境艰难窘迫而不做事业，在被囚禁的时候创作出了《周易》；西周的开国元勋周公地位显赫，却不因身份地位而改变思想，创作出了《周礼》。古代的人不看重一尺碧玉，而以一寸光阴为贵，就是怕时间飞快流逝，转眼已隔世。

可是，大多数人都不愿意去努力，贫贱之人害怕温饱不能得到满足，富贵之人流连忘返于享乐，他们都关注着眼前的小事，而抛弃了能够名流千载的功德。

日月流转，时光飞逝，人的体貌在日渐衰老，转眼之间就会与天下万物一样消逝，这是令有志之士悲痛不已的事情。

最后，曹丕说到，孔融等人已经不在人世间，唯有徐干写下《中论》，成了一家之言。

这篇文章直接冲击了之前的思想观念，曹丕鼓励作家们要向古代圣贤学习，以一种超越功利的精神去创作，并认识到文章的价值不在于当下或眼前，而是成为一种载体，可以超越时间和空间，寄放所有情感与精神信念，让自身价值得到最大限度发挥。

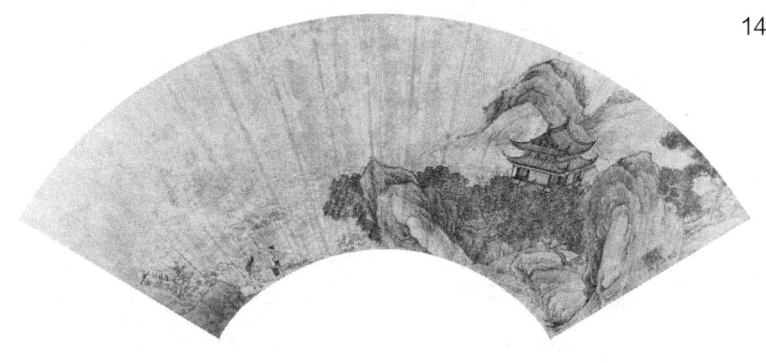

臣无它心,但乞愿终养

——晋代·李密《陈情表》

臣密言:臣以险衅,夙遭闵凶。生孩六月,慈父见背;行年四岁,舅夺母志。祖母刘愍臣孤弱,躬亲抚养。臣少多疾病,九岁不行,零丁孤苦,至于成立。既无伯叔,终鲜兄弟,门衰祚薄,晚有儿息。外无期功强近之亲,内无应门五尺之僮,茕茕孑立,形影相吊。而刘夙婴疾病,常在床蓐,臣侍汤药,未曾废离。

逮奉圣朝,沐浴清化。前太守臣逵察臣孝廉,后刺史臣荣举臣秀才。臣以供养无主,辞不赴命。诏书特下,拜臣郎中,寻蒙国恩,除臣洗马。猥以微贱,当侍东宫,非臣陨首所能上报。臣具以表闻,辞不就职。诏书切峻,责臣逋慢。郡县逼迫,催臣上道;州司临门,急于星火。臣欲奉诏奔驰,则刘病日笃;欲苟顺私情,则告诉不许。臣之进退,实为狼狈。

伏惟圣朝以孝治天下，凡在故老，犹蒙矜育，况臣孤苦，特为尤甚。且臣少仕伪朝，历职郎署，本图宦达，不矜名节。今臣亡国贱俘，至微至陋，过蒙拔擢，宠命优渥，岂敢盘桓，有所希冀？但以刘日薄西山，气息奄奄，人命危浅，朝不虑夕。臣无祖母，无以至今日；祖母无臣，无以终余年。母、孙二人，更相为命，是以区区不能废远。

臣密今年四十有四，祖母刘今年九十有六，是臣尽节于陛下之日长，报养刘之日短也。乌鸟私情，愿乞终养。臣之辛苦，非独蜀之人士及二州牧伯所见明知，皇天后土，实所共鉴。愿陛下矜愍愚诚，听臣微志，庶刘侥幸，保卒余年，臣生当陨首，死当结草。臣不胜犬马怖惧之情，谨拜表以闻。

（1）

李密，乃是蜀汉刘禅的一名大臣。他曾拜蜀地大儒谯周为师，熟读典籍，博览五经，不仅在文学上有研究，还颇具外交才能，在代表蜀国出使吴国时，多次展现了他的雄辩之才。

蜀国灭亡后，李密归顺魏国。征西将军邓艾知道他是个人才，又想快速稳定人心，便推荐他去做主簿，掌管文书，但被李密婉拒了。267年，晋武帝司马炎立太子，再次向李密授予官职。诏书一封接一封地传来，郡县不断催促他上任。

李密乃蜀汉旧臣，一臣不事二君，他内心是向着汉主刘禅的，自然不愿成为司马家的臣子；更何况，若是跟在太子身边，未来的日子一定如履薄冰。可是，区区臣子，怎么能得罪君王？若是公然违抗圣旨、拒不上任，必定会惹来大祸。

他思来想去，决定写份奏章呈报圣上，一来说明自己没法应诏上任的原因，二来表达自己的臣子之心，尽显谦恭哀求。

开篇伊始，李密便以"臣"自称，说起自己的生平：

在个体遭遇上，我的命运可谓悲惨。出生六个月时，父亲就离开了人世。四年后，母亲经不起舅父不断劝说，也改嫁他人。好在还有祖母，多亏了她的照料，我才得以被抚养成人。从那时起，我就与祖母刘氏相依为命。

谈及身世，李密悲从中来：

幼年时，我体弱多病，直到九岁都还不能自由行走，而祖母年岁已大，无法耕田劳作，两人只能靠捡拾别人遗落在田间的稻穗充饥。

细细数来，家中血脉少得可怜，父辈没有叔叔伯伯可依靠，同辈没什么兄弟可陪伴，子辈也很单薄，年纪很大才有儿子。在成长过程中，我一直是孤苦伶仃的状态。

家庭亲缘冷冷清清，走出门去，没有什么亲近的亲戚可以依靠；生活状态贫困窘迫，待在家里，也没有可以帮忙照应的童仆。这么多年来，唯有阳光下不断拉长缩短的影子与我为伴。

更为让人心酸的是，我在不断长大，祖母也在不断衰老。

如今，祖母的身体日渐变差，终日饱受疾病折磨，常常卧床不起，已经丧失了独立生活的能力。祖母膝下无人，我既是孙子，也是儿子，这些年来，时刻守候在祖母的病床边，为她做饭、熬药，从来不曾离开。

简短的一段生平，陈述了李密与祖母相依为命的情况。虽然这段文字只字未提辞不就职之事，却以情动人，先化解了对立的局面。

（2）

接着，李密表达了对朝廷的感恩和自己久久未应诏上任的自责之心：

在晋朝，受到清明的政治教化，乃是人生幸事。更何况，我还蒙受了朝廷的许多恩情。比如前有太守逵推举我为孝廉，后有刺史荣推举我为优秀人才。但我考虑到祖母无人侍奉赡养，辞谢了举荐，未接受任命。

后来，朝廷特地下了诏书，任命我为郎中；不久，圣上您又亲自下旨，任命我为洗马。像我这样一个出生卑微的小人物，有幸获得侍奉太子的机会，就算献上性命也无法报答圣上的恩情。我想以奏章的形式上表，陈述以上辞不就职的原因。可是，诏书非常急切严厉，责备臣下的回避傲慢，有意拖延。郡县的官员逼迫得很紧，催我立刻走马上任；州官更是亲自上门，火急火燎如同流星坠落般急迫。

我也想遵从圣旨，快马加鞭去就任，但祖母刘氏的病情日益加重，我不能扔下她不管。如果遵旨就职，抛弃重病在身的祖母，是不孝；若是在家供养祖母，不听从圣上的诏令为官，是不忠。自古忠孝不能两全，我心想着可不可姑且迁就自己的尽孝之心？便提交了报告上去，但不被允许。

在这进退两难的境地里，我实在是狼狈不堪。

李密在第一段的生平述说里，就强调了自己与祖母之间的关系。父母都离他而去，唯有祖母尽心抚养，将他带大，他与祖母是彼此在世间的唯一依靠，这种孤苦之中相依为命的情感与一般的对父母尽孝全然不同。

接着，他借前事说到自己因孝顺被推举，又因有才干被荐官，但都因为要侍奉祖母而未接受任命。这对于后文无疑是铺垫，地方官员体恤他的难处，都接受了他的选择。可是，朝廷又特别下旨提拔他，且急切地逼迫他上任。

眼下，一面是朝廷的恩情，一面是祖母的恩情，两种恩情都重如泰山，他将矛盾摆在台面上，告知圣上，自己的处境非常为难。

但站在晋武帝的立场上，一切说法都是借口，这样一名地位卑贱的降臣，竟敢不听从诏令，怕是身在曹营心在汉吧！

李密猜到晋武帝的心思，主动道破此事，一面从治国纲领出发，赞颂武帝"以孝治天下"，一面把自己放在更为卑微的位置上，摆出从政的历史，说明自己是有政治追求之士，并非不愿为官，而是情况特殊，在祖母余日无多的此刻，实在无法远离。

文中说道：

朝廷崇尚孝道，有目共睹，那些年岁已老且德行高尚的旧臣都得到了朝廷的怜悯和养育，我这一生孤苦凄凉，比他们更甚，希望能得到圣上的体谅。

在年轻的时候，我就担任过蜀汉的官职，做过郎官，本来就有着政治抱负，并不顾惜名节声誉。现在，作为一名卑微的降臣，得到如此提拔和浩荡皇恩，内心实在是受宠若惊，又怎么会有犹豫不决的其他想法呢？

只是祖母刘氏危在旦夕，她身上的生命气象已经非常微弱，就像即将落山的太阳，根本无法预料什么时候就会离开人世。如果没有祖母的照料和抚养，就不会有今天的我；如果祖母失去我的照顾，也无法度过剩余的日子。我们祖孙两人一直都是这样相依为命，在这样的时间里，我怎么能抛弃祖母，废止对她的侍奉呢？臣实在是做不到。

（3）

若是李密只说为尽孝而拒绝任职，晋武帝内心必定极为不满，说不定会惹来杀身之祸，但他先是对朝廷的恩宠表达感恩戴德之情，大肆褒扬朝廷的清明之治，后又围绕祖母刘氏的病情层层深入，真情流露，言辞恳切，希望能够得到晋武帝的谅解，让自己能够先尽孝心。

如此一来，原本恼怒的皇帝也开始升起仁慈之心，慢慢放下了严厉的态度，不再抵触。

为了让武帝心平气和接受他的请求，他继续说道：

我如今四十四岁，而祖母已经是九十六岁的高寿，对于我而言，正值壮年，尚有漫长的岁月可以报效圣上隆恩，却已经没有多少时间对祖母尽孝了。大千世界里，乌鸦尚且有反哺的私情，我没有别的愿望，只乞求能够给祖母养老送终。

这些年来，我的辛酸苦楚不只是蜀地百姓和益州、梁州的官员们众所周知，天地神明都看在眼里，清楚明白。希望圣上能够怜悯我的一片愚拙至诚，满足我的小小愿望，让祖母能够侥幸保全余生，得以寿终正寝。微臣在世间一日，便应以身报效朝廷，死了也要衔接草环来回报圣上恩情。

微臣我怀着如犬马一般恐惧忐忑的心情，恭敬地呈上此表，以向圣上表明此事。

（4）

　　李密此文动情至深，首先，将自己的生平与对祖母尽孝终养的心表达得淋漓尽致，虽然全文围绕尽孝之事，他却并不一味抒情，而是句句将自己摆在卑微降臣的位置上，对朝廷大恩如数列出。如此还不够，他讲到自己的人生态度和政治追求，以打消皇帝的内心顾虑和抵触心理，再次强调自己不是不愿为官，而是时机不允许。最后，他将自己的年龄与祖母的年龄两相对比，皇帝一看，九十六岁的老人，风烛残年，生命之火瞬间便会熄灭，忠孝之间的矛盾在时间面前，也不过是暂时的事。

　　话已说到这份上，晋武帝为了维持社会安定，也必然不会对李密大开杀戒。他本就施行以孝治天下的政策，同意李密的乞求也刚好体现出他对降臣的宽厚胸怀。

　　另一方面，此文字字句句说到晋武帝的心上，让他禁不住对李密赞叹道："他的孝顺果然不是虚名！"不仅同意让他暂时不必赴任，以尽对祖母的终孝，还赏赐了两名奴婢，并让郡县负责提供李密祖母的伙食。

复仇的奇幻之旅

——晋代·干宝《搜神记·三王墓》

楚干将、莫邪为楚王作剑，三年乃成。王怒，欲杀之。剑有雌雄。其妻重身当产。夫语妻曰："吾为王作剑，三年乃成。王怒，往必杀我。汝若生子是男，大，告之曰：'出户望南山，松生石上，剑在其背。'"于是即将雌剑往见楚王。王大怒，使相之。剑有二，一雄一雌，雌来雄不来。王怒，即杀之。

莫邪子名赤，比后壮，乃问其母曰："吾父所在？"母曰："汝父为楚王作剑，三年乃成。王怒，杀之。去时嘱我：'语汝子"出户望南山，松生石上，剑在其背"。'"于是子出户南望，不见有山，但睹堂前松柱下石低之上。即以斧破其背，得剑，日夜思欲报楚王。

王梦见一儿，眉间广尺，言欲报仇。王即购之千金。儿闻之亡去，入山行歌。客有逢者，谓："子年少，何哭之甚悲耶？"曰："吾干将、莫邪子也，楚王杀吾父，吾欲报之。"客曰："闻王购子头千金。将子头与剑来，为子报之。"儿曰："幸甚！"即自刎，两手捧头及剑奉之，立僵。客曰："不负子也。"于是尸乃仆。

客持头往见楚王，王大喜。客曰："此乃勇士头也，当于汤镬煮之。"王如其言煮头，三日三夕不烂。头踔出汤中，踬目大怒。客曰："此儿头不烂，愿王自往临视之，是必烂也。"王即临之。客以剑拟王，王头随堕汤中，客亦自拟己头，头复坠汤中。三首俱烂，不可识别。乃分其汤肉葬之，故通名"三王墓"。今在汝南北宜春县界。

（1）

春秋时期，各国之间战争频繁，冷兵器的制造高手颇受世人瞩目，其中，有个叫干将的铸剑师名声在外，据说，出自他手的剑锋利无比、削铁如泥。

这事传到了楚王耳中，他心想，若是此人所铸之剑只为我所用，那我岂不就能天下无敌？于是，命人找到干将，令他铸造宝剑一双。

王命难违，干将与妻子莫邪领命后，踏上了漫长的征途。

为寻求最坚硬的材料，他们遍访群山大川，挖掘原石，提取矿物。继而，取天火锻造七七四十九日，反复捶打上百万次，剑身雏形始成。

细如发丝的火光在剑身上游走，镌刻出具有神力的图腾，又依五行所属，凑齐东西南北四方的宝石，镶嵌于剑鞘之上。

两个年头转眼即逝。夫妻俩携剑前往深山腹地，行走数月，才找到那块藏于无人之地的巨大磨石。这是最上等的磨刀之石，夫妻俩相视而笑，躺在石下小栖片刻，便开始日夜赶工。

眼看着剑身在一天天变化，像是有某种神秘的力量在其间生长。直至十五月圆夜，一双宝剑终于磨出，雄剑如日光充满血气，雌剑如月色凉意逼人，利刃上寒光闪闪，见者竟不寒而栗。

三年已过，楚王迟迟不见宝剑，大发雷霆，扬言要杀死干将。

此时，莫邪怀有身孕，就快到临产期。干将深知楚王性情残暴，为保全妻儿，他决定只身一人去面圣。

临走前，他对妻子说："我们替楚王铸剑，过了三年才铸成，依照他的性情，必定不会让我们活着。此行，就是永别。若你生下的是个男孩，等他长大之后，你便告诉他，出门望向南山，松树长在石头上，宝剑就在松树背。"

莫邪含泪作别，答应会好好照顾腹中胎儿，不忘嘱咐。

一路上，干将紧紧握着手中雌剑，像是在通过它与妻儿进行最后的拥抱。

进入大殿后，只见楚王威风凛凛居于王座，手一挥，命道:"快将宝剑呈上!"

干将满身风尘,跪地双手举起宝剑。侍臣快步跑近察看,发现干将带来的竟只有一柄雌剑。楚王大怒,这是欺君之罪!

一颗流星从夜空陨落,铸剑师干将从此消失于江湖。

不久,莫邪生下一个男孩,取名叫赤。

赤从小就有着过人的勇猛与无畏,时常独自进出山林,与猛虎为伴,和狼群共同奔跑。在母亲的抚养下,他逐渐长大成人。

一天,赤终于忍不住向母亲问道:"为什么我从来没有见过父亲?他在哪里?"

莫邪的心像是瞬间被触痛,往事不堪回首,却仍历历在目。

她按捺住悲伤的情绪,将所有经过如实告知:"你父亲曾经是赫赫有名的铸剑师,但他已经不在人世……"

想起悲惨丧命的丈夫,莫邪数度因哽咽而停顿。末了,她郑重地对儿子说道:"在他临走前曾有嘱托,说'出门望向南山,松树长在石头上,宝剑就在松树背'。"

听着母亲的讲述,赤的心隐隐作痛,不知不觉间,已握紧了拳头。

他沉默不语,走出门望向南边,眼前却并不见山,只见堂前的松木柱子树立在石墩上。赤转身拿起一把锋利的斧头,劈开柱子,一道强烈的光芒闪出,宝剑果然出现在背面。

他拔出宝剑，刹那间，像是有一股能量通过手臂传递到全身。他发誓，一定要用这把宝剑为父亲报仇！

（2）

一天夜里，楚王尖叫着从梦中惊醒，大呼道："来人！护驾！"

宫廷内一时慌乱，很快，大殿内灯火通明，众将士里里外外围了个水泄不通，四处巡察刺客身影。半晌，来者禀报没有任何发现。

大家伙儿都屏住了呼吸，乌压压的人头挤满殿堂，却静到能听见心跳。

楚王眉头紧蹙，一字一顿地说道："一青年闯入梦中，持剑行凶，叫嚷着要报仇，他额头宽阔，那模样看似有几分眼熟。你们立刻去张榜悬赏捉拿此人，谁能取他首级，重赏千金！"

众人散去。次日清晨，京城大街小巷已贴满悬赏布告。

这厢，赤拿到宝剑后，勤加习武，半年后离开母亲，前往京城为父报仇。

一路上日夜兼程，风餐露宿，他内心却如同燃烧着一团炙热的火焰。说来也怪，每当他手握宝剑，都似乎能听见父亲的声音。

复仇势在必行，他没有细想，一路朝着京城而去。却不料，在路过市集的时候，偶然听见楚王悬赏捉拿他的通告。

赤低下头，一边走一边用余光扫视周边的人，他想，若是知晓此事的人不多，兴许能乔装打扮一番，混进京城。谁知，越靠近城门，谈论悬赏之事的人越发多起来，已经有人在用疑惑的眼神打量他。不行，看来想要蒙混过关是不太可能了。若是贸然前去，说不定还没见上楚王的面就已经一命呜呼。

经过一番激烈的心理斗争，赤垂头丧气地败下阵来，匆匆逃离了城镇。

回到寂静的山林里，赤感到心情越来越低落，父亲冤死在暴君手下，他发誓要为父报仇，如今却连接近凶手的机会都没有。母亲还在家中等待着他的音讯，可眼下，大仇未报，哪里有脸面去见含辛茹苦将他拉扯大的母亲？

想到此处，赤忍不住带着哭腔悲痛地唱出声来，似要将满腹的不甘说与天地和山川听。

他动情地哭喊着，却听见头顶上方传来一个声音："喂！少年，你年纪轻轻的，为什么哭得如此悲惨？"

赤抬起头来，发现大树上躺着一位侠客。他侧卧在树枝上，草帽压得很低，看不清脸。

阳光从树缝间洒下来，赤仰面望向那位侠客。他决定冒险一试，照实将自己的身世和盘托出。

铸剑师干将和莫邪的故事在江湖上传闻已久，侠客听罢，不知何时已轻盈地落在地面上，拍了拍赤的肩膀，说道："听说楚王已张榜悬赏千金，要取你的人头。若是你能将人头和宝剑都拿来，我便去替你杀了楚王报仇。"

赤听闻此言，仿若在绝望中抓住了一根稻草，他正因无法接近楚王而悲痛无比，如果能取了楚王首级为父报仇，自己这条小命又算得了什么？

电光石火间，手起剑落，赤丝毫没有犹豫，已挥剑割下首级，向侠客双手奉上人头和宝剑。此时，他的身体仍旧笔直站立着。

侠客从未见过如此奇人，义胆雄心，天地可鉴。他接过头颅和宝剑，说道："少年之心可敬可佩！放心，我一定替你报仇，不负重托。"

听罢此言，赤的身体才缓缓落地。

（3）

不过数日，侠客便抵达京城。他拎着赤的头颅出现在大殿前，要求面见楚王领赏。

楚王听说有人已取了梦中青年的首级，大喜，连忙命人带来者入宫。

侠客立于殿堂之上，单手拎着赤的头颅，对楚王说道："这是勇士的头颅，应该将它放入沸腾的大锅中煮烂。"楚王生性残暴，觉得这是个好点子，立刻命人生火架锅，待水沸腾后，将赤的头颅扔入锅中。

万万没想到的是，这头颅竟然煮了三天三夜还没有煮烂，更离奇的是，它还不时从滚烫的锅中跳起，怒目圆睁，带着满满的怒火与杀气。

侠客见状，觉得时机已至，便对楚王说道："这青年的头颅竟然迟迟无法煮烂，怕是需要楚王的威力才能震慑住它的杀气，请您到大锅旁看看。"

楚王也觉得奇怪，听侠客如此说法，便行至大锅旁观看。

说时迟那时快，侠客趁楚王探头之际，拔剑对准他的脖子砍了下去，楚王的头顺势从剑端落入滚烫的锅中。

此时，侠客使命已尽，他挥剑将自己的头颅也砍下，落入大锅。

三具头颅在沸水中翻滚，不一会儿便煮成烂肉，混成一团无法区分。臣子们无计可施，只好将一堆烂肉和三具头骨取出，共同下葬，并合称"三王墓"。下葬的地点就在汝南境内以北的宜春市。

（4）

此文出自晋代干宝著录的笔记体志怪小说《搜神记》。

这本书里有各种奇幻传说，也有反映古代百姓思想情感和现实生活的内容，有些来源于西汉以来的神话传说和魏晋时期的民间故事，有些则是作者自己的创作，所述之事大多神奇怪异。据说，干宝曾经历过父亲婢女和兄长死而复生的特殊事件，因此，他相信世间是有鬼神存在的。

　　文中所述的离奇事件展现了作者天马行空的想象力，而《搜神记》创造性地继承了早期的志怪小说，故事类型包罗万象，在历史上有着承前启后的重要地位，开创了中国古代神话小说的先河。

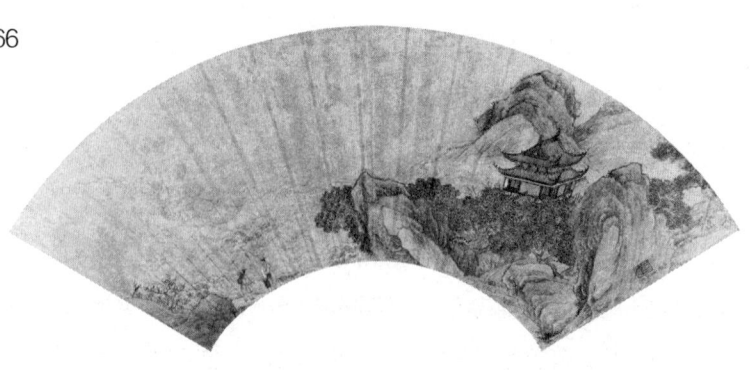

隐逸之美，是得失两忘

——晋代·陶渊明《五柳先生传》

先生不知何许人也，亦不详其姓字，宅边有五柳树，因以为号焉。闲静少言，不慕荣利。好读书，不求甚解；每有会意，便欣然忘食。性嗜酒，家贫不能常得。亲旧知其如此，或置酒而招之。造饮辄尽，期在必醉。既醉而退，曾不吝情去留。环堵萧然，不蔽风日，短褐穿结，箪瓢屡空，晏如也。常著文章自娱，颇示己志。忘怀得失，以此自终。

赞曰：黔娄之妻有言："不戚戚于贫贱，不汲汲于富贵。"其言兹若人之俦乎？衔觞赋诗，以乐其志，无怀氏之民欤？葛天氏之民欤？

（1）

有位先生，无人知道他籍贯何地，出身哪里，亦不知他的姓名字号，只知他在住宅旁种了五棵柳树，暂且就称呼他五柳先生吧！

这个五柳先生，性情尤其有趣。

他独自住在村落一隅，破烂的茅草屋隐于田园山水之间，晴日里，阳光透过茅草的缝隙射入屋内，洒下星星点点的光芒，惹得小猫四处乱窜，蹦跳着捕捉光斑，倒也别有一番趣味。

若是遇上雨季，日子可就不好过了，屋外大雨滂沱，屋内小雨淅沥，但五柳先生却自有一番诗情画意，找来锅碗瓢盆，摆得四处都是，自己则窝在一个干爽的小角落里，听着雨声合奏曲，安然品茶读书。

茅屋，柳树，自成一方清净地。

放眼望去，屋里并无多少物件，独居之所冷冷清清，盛饭的篮子和装水的瓢如同张开的口，空荡荡停留在原地。

生活清贫至此，五柳先生却自得其乐。他平素里少言寡语，不大出门与人交流对话，倒是常会对着书本痴痴入迷，看到动情处，不禁潸然泪下，看到喜悦时，忍不住拍着大腿叫好。

有闲时，才能得闲趣。少了那些人际往来的应酬，他便多出许多可以自由支配的时间，既不必喋喋不休地与人争论观点，也不必为了趋炎附势而觥筹交错。在书里，他的灵魂得以自由翱翔，周遭的事物对于他而言，仿若并不存在。

天下熙熙皆为利来，天下攘攘皆为利往。在众人为了功名利禄蝇营狗苟的时间里，五柳先生却清静自得。

读书，对于他而言，是与古今圣贤交流的方式，是渴望求知的内在驱动。他并不咬文嚼字，每每对字里行间的意蕴有所感悟时，都激动不已，甚至连饭也忘记吃。

在精神的世界里，他已获得极大满足。

有书可读，便得世间净土，有酒可饮，则是人间美事。

夏夜屋外蝉鸣，就算吵闹不休，也扰不了五柳先生的小欢喜。翻一页书，小抿一口酒，偶尔思索间抬起头来，看见月亮在柳树上溢洒着清辉，内心安然无比。

对于五柳先生而言，读书饮酒就是最好的人生。一杯佳酿，可以让他心神荡漾，哪怕只是薄酒一壶，也能喝得心满意足。

因为家中窘迫，常常无酒可饮，五柳先生读到兴致高时，会信手端起酒杯，闻闻杯底残留的酒香，叹道："好文！好文！"

一些亲朋旧友知道他生性好酒，摆酒席时会邀他去喝上一场。五柳先生也并不推迟，穿着打满补丁的衣服就去了，快快乐乐地敞开了喝，且每次必定喝醉。

短短人生，醉又何妨？可他并不贪恋这样的场合，喝到飘飘然时，起身就告辞回家。一路上，与月共歌，与影子对话，

回到茅屋内倒头就睡,醒来又是新的一天。

名利得失,荣华富贵,对于五柳先生来说,都是过眼云烟。

读书、饮酒之余,他也不时写写文章,吐露心声与所思所想。那些名利身外事,有什么值得眷恋呢?除却纷纷扰扰的纠葛,就这么过完一生,不也是件极快乐的事吗?

(2)

世事浮华,人生短暂。有人追求功名利禄,有人追求逍遥自在,志趣不同,选择的生活方式也形态各异。

在晋代,门第高低贵贱分明,出生名门望族之士神色高傲,走路带风,出生贫穷低贱的人,则处处低人一等。文中这位五柳先生却丝毫不在乎社会上的三六九等,隐姓埋名于小村庄,优哉游哉地生活在俗世之外。

居住之所无桃李梅竹,只有几株柳树相伴,柳枝随风摇曳倒也有着几分清简和雅韵。陋室无米,生活贫困,却毫不影响他与书为友,享受那清静中的自在。

想必,五柳先生是位有学之士,但不知他遭遇了什么,并没有因为学识得到重用,反而选择了在这偏僻的地方过着独居生活。

晋代的文人名士之间常有雅集，场面上的交际少不了一些虚伪客套和矫情吹捧，五柳先生大抵无法融入那样的场合。他性格直率坦荡，活得真实而自在。

文中提到五柳先生是好酒之人，但他饮酒却不是为了享受酒肉歌舞、寻欢作乐的肤浅快感，也并非为了麻痹自我，逃离对现实窘境的不满，而只是天性嗜酒。因此，每当有人宴请，他都无拘无束地喝个尽兴，一醉方休。

这位五柳先生的人生志趣，显然不在于汲汲营营，他享受的是读书写文自娱自乐的快哉。少了得失之心，活得通透洒脱，才能安于这样的清贫，不被身外之物所羁绊吧。

因此，文末引用战国时期有名的隐士黔娄的妻子所说："不为贫贱而感到忧愁，不对财富地位心情迫切。"作者赞叹道：黔娄妻子此言所说的就是像五柳先生这样的人吧。诗酒人生，无复他求，因为自己内心有着坚定的志向而感到欢喜，不知道他是无怀氏时代的人还是葛天氏时代的人？

（3）

无怀氏和葛天氏都是传说中的远古部落，据说，那是一个原始的和谐时代，社会风气纯良质朴，百姓生活安乐自足，人性纯善，是古代人无比向往的理想世界。

此文是不是作者陶渊明的自传，尚且没有定论，但陶渊明有着"隐逸诗人之宗""田园诗派之鼻祖"的美誉，他看透了世俗社会的虚伪和黑暗,把田园生活写进诗中,让自然美学与诗情两相融合,形成了独特的美学风格。

我们从此文当中,也能够看到陶渊明不为五斗米折腰的身影,他喝酒、写文,自由抒发情感,保持着自己孤傲高洁的品性,让诗中人物形象带有强烈的人格魅力,并体现出以自然和真实为追求的美学思想。

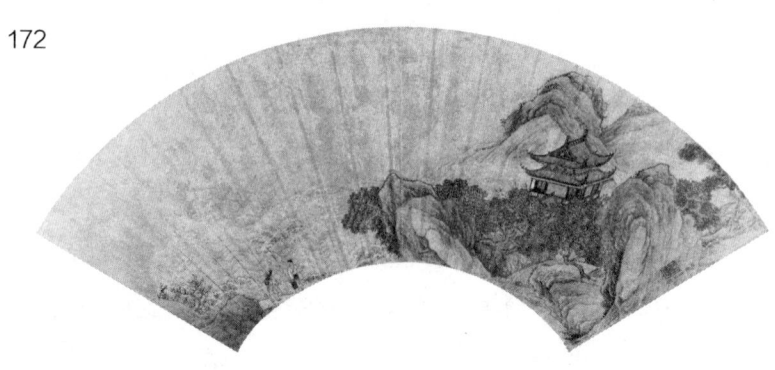

文学,本源于自然之道

——南朝·刘勰《文心雕龙·原道》

文之为德也大矣,与天地并生者何哉?夫玄黄色杂,方圆体分,日月叠璧,以垂丽天之象;山川焕绮,以铺理地之形:此盖道之文也。仰观吐曜,俯察含章,高卑定位,故两仪既生矣。惟人参之,性灵所钟,是谓三才。为五行之秀,实天地之心,心生而言立,言立而文明,自然之道也。傍及万品,动植皆文:龙凤以藻绘呈瑞,虎豹以炳蔚凝姿;云霞雕色,有逾画工之妙;草木贲华,无待锦匠之奇。夫岂外饰,盖自然耳。至于林籁结响,调如竽瑟;泉石激韵,和若球锽。故形立则章成矣,声发则文生矣。夫以无识之物,郁然有采,有心之器,其无文欤?

人文之元,肇自太极,幽赞神明,《易》象惟先。庖牺画其始,仲尼翼其终。而《乾》《坤》两位,独制《文言》。言之文也,天地之心哉!若乃《河图》孕乎八卦,《洛书》韫乎九畴，玉版金镂之实，丹文绿牒之华，谁其尸之？亦神理而已。自鸟迹代绳，文字始炳，炎皞遗事，纪在《三坟》，而年世渺邈，声采靡追。唐虞文章，则焕乎始盛。元首载歌，既发吟咏之志；益稷陈谟，亦垂敷奏之风。夏后氏兴，业峻鸿绩，九序惟歌，勋德弥缛。逮及商周，文胜其质，《雅》《颂》所被，英华日新。文王患忧，繇辞炳曜，符采复隐，精义坚深。重以公旦多材，振其徽烈，剬诗缉颂，斧藻群言。至夫子继圣，独秀前哲，熔钧六经，必金声而玉振；雕琢情性，组织辞令，木铎起而千里应，席珍流而万世响，写天地之辉光，晓生民之耳目矣。

爰自风姓，暨于孔氏，玄圣创典，素王述训，莫不原道心以敷章，研神理而设教，取象乎《河》《洛》，问数乎蓍龟，观天文以极变，察人文以成化，然后能经纬区宇，弥纶彝宪，发辉事业，彪炳辞义。故知道沿圣以垂文，圣因文而明道，旁通而无滞，日用而不匮。《易》曰："鼓天下之动者存乎辞。"辞之所以能鼓天下者，乃道之文也。

赞曰：道心惟微，神理设教。光采玄圣，炳耀仁孝。龙图献体，龟书呈貌。天文斯观，民胥以效。

（1）

天生万物，各有其用，而人类是万物之灵。

文学的重要意义，可谓从天地创始之初就存在。为什么这么说呢？

宇宙本是一片混沌，至清气上升，浊气下沉，始有了天地之分。天圆地方，大美无言。日月如同两块碧玉，交替在空中出现，将白昼与夜晚照亮，显露出天空辉煌灿烂的美景。大地上，山川河流如锦绣铺展，鬼斧神工的线条，万千变化的地形地貌，无一不是依自然规律产生的文采。

仰望天空，观日月星辰的奥妙景色，俯视大地，见山河草木的造物之美。天与地将高低分隔开来，高处的苍穹与低处的土地构成了天下的主体。

直至后来，才有了具备思维和智慧的人类，与天地并齐，合称为"三才"。

人类是五行之中的佼佼者，是天地万物的核心，所以被称为万物之灵，成为宇宙中最为独特的存在。因为人类有情感与思维，从而产生了用以交流的语言，有了语言之后，便自然而然产生了文章创作。

除了人类之外，其他种类的动物和植物也有着各自的文采。比如龙凤，皆有精美绝伦的鳞羽，呈现出寓意吉祥的征兆；比如虎豹，矫健的身姿上有着令人惊叹的皮毛；比如云霞，变幻莫测的万千色彩，就算是技法高明的画家也无法超越；比如草木之花，天生多姿美艳，并不需要能工巧匠来增色。所有这些都是天然去雕饰的美。

目之所及，有自然大美，耳中所闻，亦是如此。风穿过草木丛林之间的缝隙，发出动人的声响，如同竽瑟和鸣的曲调；清澈的泉流撞击到岩石上，激起高低错落的韵律，好似磬钟奏起的乐音。

天地之间的一切事物，有形体存在的就有着天生的文采，有声响发出的就会有韵律。这些事物本身并没有意识，都呈现出如此华丽的文采，人类作为睿智的万物之灵，又怎么可能没有文章呢？

（2）

人类文化的起源，可以追溯到宇宙初始的阶段。

最早期，是《易经》中的卦象简明而深刻地阐明了这个道理。先是伏羲仰观天文，记录四时变化；俯察地理，研究鸟兽的形象纹络，绘制出八卦。后是孔子写下了《十翼》，又专门写下《文言》，用来解读《乾》和《坤》两卦。可见，人有语言，语言有文饰，是自然而然生成的。

然而，人类所言之文，又与天文地理的纹路有所不同，它是高于天地万物的自然之道。《河图》的本质体现了八卦之道，《洛书》的内容蕴含着九畴的法则，尧在水边得到一块玉版，上面刻着天地图像，还有铜器缕文、朱书绿牒等有实体又有文采的东西，这都是谁创造出来的呢？也不过是万物之本源，即主宰天地的自然之道。

追溯到早期，最古老的文字如同鸟迹，人类用其代替了结绳记事的方法，文字自此发挥起它的重要作用。在《三坟》里，记载了神农氏和伏羲氏的事迹，但年代太过久远，那些文采内容已经无法考究。

到尧帝和舜帝时期，文章作品就开始繁荣起来。舜帝作歌，抒发了对天地恩泽的感激和对美好生活的期盼；伯益和后稷的谋划建议，开创了书写奏章的风气。

自夏朝往后，社会开始兴盛繁荣，各项工作都蒸蒸日上，取得了瞩目的成绩，这些宏伟的成就被歌颂，因有了文字的书写流传，功绩更为显著。

时代更替变迁，到商周时期，文字越来越受到重视，并得到广泛的运用和发展。《雅》《颂》是文学史上的里程碑，受其影响，文学创作的优质内容越来越多。

商末周初，周文王被商纣王拘留于安阳整整七年，他研究先天八卦和河图洛书，融入人伦道德，对易经八卦进行反复推算，演变出八八六十四卦，并对后天六十四卦的顺序进行重新排列，写出了《易经》的《卦爻辞》。

这部著作融合了八卦、阴阳、五行、甲子、天文、地理和历法等知识，如同玉石的纹理，兼容含蓄且内涵丰富，可以精确地占卜天下之事的吉凶，预测事物的发展过程、变化和结果，以占据先机。

周公才艺兼备，用心良苦，他接继文王的事业，自己作诗，并将诗作辑录成书，写成《周颂》，且对各类作品进行斧正和润笔。

直至孔子的时代，文字又有了飞跃性发展。孔子继承前世圣贤的智慧，又超越他们，整理并传授先秦六部古籍《诗》《书》《礼》《乐》《易经》《春秋》，合称"六经"，这就像一场集所有乐器于一堂的音乐会，让各种声音交汇融合，奏出一曲天籁之音。

孔子有着深邃的思想和宏伟的情怀，将所思所想提炼成精辟的哲思，并组织文字将之记录下来，经过反复打磨，形成睿智的文本，用以传授给天下弟子。

孔子的教化思想在社会上广泛流传，泽被后世。他不仅写下了天地之间的灿烂辉煌，也形成了道德观念和价值体系，让世人开启智慧，得以耳聪目明。

（3）

从伏羲氏开创文字，到孔子继承先贤典籍，将之发扬光大，他们都遵从着宇宙规律的自然之道，专心研究天文地理及背后存在的精深道理，并怀着这样的精神来进行思想教化。

《河图》和《洛书》有着幽微且精妙的逻辑和规律，他们以此为本，效法用蓍草和龟甲进行占卜的方法，仰观宇宙，深入研究天文历法的运行和变化，融会贯通先贤留下的典籍，才得到用以教化大众的基本观念，并以此作为基准，制定出能够长久治理国家的根本法则。

由此可以得见，文辞义理对于事业和社会的发展有着巨大的推动作用。

文中所述的自然之道，是人文道德与宇宙规律并存的无形大道，借助先贤的文章才得到展现，这种自然大道符合一切事物的运行规律，无论运用到哪里都能够顺畅无阻，完全足够。

在《周易·系辞》里有这样一句话："言辞或文章能够鼓动天下。"言辞或文章之所以能够鼓动天下，正是由于它符合自然规律的大道。

赞词说：大道的本质是非常微妙精深的，应当专心研究背后存在的精深道理来进行教化。古代先贤们让自然大道散发出璀璨光芒，也让仁义德行得到广泛宣传，这离不开当初发现的《河图》和《洛书》，它们为大道的继承奠定了基础。人们在仰观宇宙研究天文的时候，也应融合人文观念来进行思想教化。

这篇文章出自南朝文学理论家刘勰所著的《文心雕龙》，我们从中可以看出，刘勰对于自然之美是非常推崇的。

此篇不仅论述了文学的核心来源于宇宙间的自然大道，而且讲到了从伏羲氏到孔子的文化变迁与发展，并总结出自然大道与圣贤的道德教化之间的关系。《文心雕龙·原道》可谓是全书的"文之枢纽"，有着至关重要的作用。

若是南风知相思,与君梦中见

——南朝·无名氏《西洲曲》

忆梅下西洲,折梅寄江北。
单衫杏子红,双鬓鸦雏色。
西洲在何处?两桨桥头渡。
日暮伯劳飞,风吹乌臼树。
树下即门前,门中露翠钿。
开门郎不至,出门采红莲。
采莲南塘秋,莲花过人头。
低头弄莲子,莲子青如水。
置莲怀袖中,莲心彻底红。
忆郎郎不至,仰首望飞鸿。
鸿飞满西洲,望郎上青楼。
楼高望不见,尽日栏杆头。
栏杆十二曲,垂手明如玉。

卷帘天自高，海水摇空绿。
海水梦悠悠，君愁我亦愁。
南风知我意，吹梦到西洲。

（1）

犹记那时初春，江北阴霾多日的天气忽然开朗，白云朵朵飘浮于空中，自在地变幻着形象，阳光从云朵之间的缝隙里钻出来，洒在脸上，温暖而柔和。

光秃秃的树枝刚开始抽芽，星星点点的嫩芽在春风里微笑着。江上渔船偶尔驶过，水面留下稍纵即逝的浪漫曲谱，被早春的燕子学了去，呢喃着散播到四处。

那是与他初相识的日子。

梅花尚在枝头绽放，发出幽幽暗香。庭院里静谧一片，只听见我俩踏过地面的脚步发出有节奏的声响。我忍不住偷偷去瞧他的脸，只是一眼，又羞得满脸通红垂下头来。

他忽然停下脚步，别过头微笑地看了看我，竟从满枝头的梅花里挑出两朵摘下，要替我别在双鬓上。那，应该是我们离得最近的时候吧。

我尽量呼吸得轻柔一些，却还是能听见心脏怦怦跳动的声音，紧张到手心里都开始微微冒汗。

原来，喜欢一个人会是这样。

他清俊爽朗的模样，一袭白衫，儒雅中略带风骨，只需一眼，便让我心生喜欢，像是刻进了心里。我想，与君应是前世旧相识，几百次的回眸才换来此生的相逢吧，否则，怎会如此心醉，一眼万年？

转眼冬去春来，我回到江南已有一个年头。

一日不见如隔三秋，匆匆分别后，我们已经许久未见，可他的身影频频出现在我的脑海，又像是时常相见。

当时的一颦一笑，与他共度的美好时光依旧历历在目。回想起在西洲梅树下共度的时刻，他的气息似乎就在身旁，至今还会让我感到脸红心跳。

这天出门去，见园子里梅花开得正盛，不免旧事浮上心头。

我轻轻摘下几朵梅花，用干净的宣纸铺平了，连同思念与浓烈的情感一同夹在其中，遥寄给西洲的公子。

只怪纸短情长，怎么写得下我的心事？若他也跟我一样，不需多言，只要看见这几朵梅花，定会明白背后的千言万语。

然而，寄出的信笺，如同断了线的风筝，不知飘向何处。我等了一日又一日，望断天涯，却依旧不见公子的回音。

春天是如此的短暂，不过刹那芳华。再次换上那件杏子红的单衫，发觉身形又更消瘦了些，我拢了拢盘好的长发，乌黑发亮的发髻上空荡荡的，少了梅花的点缀，发髻也显得寂寞不堪。

都说江南好，风景美如画，但我的一颗心却留在了西洲，留在那棵怒放的梅树下。如今，只剩丢了魂儿的躯壳在此地游荡。

你若问我西洲到底在哪里？我会告诉你，就在我心里，那是只要划上几桨子就能到达的地方。只是，我们一个在江南，一个在江北，江水悠悠向东流去，带走了时间，却让思念更湿重。

仲夏日暮时分，晚霞燃烧起整片天空，美得令人惊叹。

我独自坐在窗前，望着这美景无垠，想要与人分享却无人可诉。一向喜欢独来独往的伯劳鸟似乎也无法忍受这样的孤独，扑棱着翅膀从枝头飞走，只剩那棵乌桕树伫立于风中，不停地摇着头。

（2）

我大概是想得入了迷，忽而听见风吹树叶的声响，竟误以为脚步声，心中一喜，赶紧起身走到门前。

可是，门前树下并无来者，只有风呼啦啦地吹着，却像是吹进了我心里的空洞，发出久久无法散去的思念回响。

这些日子，我时时开门探头看，若是让邻居瞧见，会感到奇怪又好笑吧。只是，再转身回到窗前，怕是也坐不住了，倒不如去池塘里采摘一些红莲。

荷花竞相开放，密密匝匝一大片，如同舞者，在池塘中摇曳着身姿，旋转、低头、昂首，碧波似的裙摆轻轻触碰，落得一池温柔。

从盛夏到秋天，我静默地看着这方荷塘，见接天莲叶无穷碧，见亭亭荷花高过人，见花瓣凋落莲子生，却始终不见恋人归。

那一株不枝不蔓的荷花，初绽时粉嫩娇羞，如少女绯红的脸颊。

如今，我低头拨弄着手中的莲蓬，将一颗颗纯净似玉的莲子放在手心，剥开那柔软的外皮，乳白色的果肉紧紧捂着一颗红色的莲心。

它就这么顾自生长，顾自绽放，孤独地发出幽然淡香，孤独地守护着一颗丹心。

我见荷花犹生怜，怜惜她美得如此娇媚却无人欣赏，怜惜她一片痴心不知想着谁。一转念想到自己，不由得忧伤起来。

等待的滋味，让人百感交集，却又还是会忍不住去想，去期待。

我不禁叹了口气，抚摸着清如水的莲子，将它们妥善地置放于怀袖内，可是，却无法妥善安放自己对公子的一片痴心。

秋风起，落叶纷飞。仰头望向天空，有鸿雁飞过，迁徙的候鸟也开始南行了啊！为何公子却迟迟没有音讯？

不知，他在江北是否也看见同一群鸿雁？可曾也会这样地想起我？真想抓只鸿雁来问问，我寄出的书信，是否被带到了西洲？

望穿秋水不见君，清晨枕上泪痕湿。

都说时间是一剂良药，可以治愈一切，但我对公子的思念却在时间里发了酵，日日思君不见君，仍是魂牵梦绕，占据心头。

登上高楼极目远眺，满城风光尽收眼底，却始终看不见心中所想所念的身影。

我仰头望天，天空一片蔚蓝，连云朵也不见踪影；低头让目光随心游走，唯见秋风肆意恣欢，树影在地面上不停地舞蹈。

从清晨到日暮，看着天光变换，从明到暗，我终日倚靠在高楼凭栏眺望，任思绪漫无目的地飞扬。

西边是余晖渐散，雾霭飘浮在半空；东边是蔚蓝大海，天空高远通透。踽踽独行的身影在高楼之上尤显得落寞，我百无聊赖地垂着双手，轻叹又是一天逝去了。

内心的独角戏已经上演了无数剧目，海阔天高，也装不下我的满腹惆怅。

头顶苍穹笼罩四方，蓝绿色的海水一望无际，恰似我对公子绵绵无绝的思念。这碧波荡漾的丝丝纹路彼此交错又分离,一浪接着一浪,想必,公子亦有着与我同样的忧愁吧。

真希望徐徐南风能读懂我的心思,将这份情意化作梦境吹往西洲,让我能与公子梦中相聚。

(3)

思念,总是容易让人感到孤独。

《西洲曲》是南朝乐府民歌中的代表作,以细腻抒情的笔法,写下了一位女子对心上人浓郁的思念之情。

全文字句并无晦涩之处,贯穿其间的是女子的心事与情绪,她日常生活中的每一个细微的举动,都透露出对待爱情的赤诚之心。

在独自想念的时间里,她做了一系列事情。先是折梅、

寄信，希望得到公子的回音，可音讯迟迟不来，让人失落又忧愁。

她梳妆打扮，是想起初见时的妆容还是想去寻找公子？我们不得而知，却能感受到那份急迫见到心上人的情感。

门缝里，翠绿的钗子隐约可见，她以为是公子归来，打开门却并不见人，女子自觉窘迫害羞，借口采莲出门去。

等啊，盼啊，始终不见归人。于是，她登上高楼远眺，从晨曦到日暮，仍旧只有她一人。

直至在诗歌末尾，她望着无际天空和茫茫大海，只能寄情南风，希望能与公子梦中相聚。

早春折梅花，春末着单衫，仲夏伯劳飞，夏末采红莲，秋至弄莲子，深秋鸿雁飞，作者只字不提春夏秋冬季节变换，却通过四时之物串联起一根隐性的时间线。

全文语言清俊曼丽，采用了顶真写法，读来回环反复，旋律悠柔舒缓。读者跟随着女子的动作和身姿，似乎能看见她的神色，感受到她时而惆怅时而温柔的思念与心事。

酒后狂歌吐真言

——唐代·李白《将进酒》

君不见黄河之水天上来,奔流到海不复回。
君不见高堂明镜悲白发,朝如青丝暮成雪。
人生得意须尽欢,莫使金樽空对月。
天生我材必有用,千金散尽还复来。
烹羊宰牛且为乐,会须一饮三百杯。
岑夫子,丹丘生,将进酒,杯莫停。
与君歌一曲,请君为我倾耳听。
钟鼓馔玉不足贵,但愿长醉不愿醒。
古来圣贤皆寂寞,惟有饮者留其名。
陈王昔时宴平乐,斗酒十千恣欢谑。
主人何为言少钱,径须沽取对君酌。
五花马、千金裘,呼儿将出换美酒,与尔同销万古愁。

（1）

这个少年，自幼爱读书，很快便展露出文学方面的才华，诗赋功底了得，十五岁时已被一众社会名流视为上宾。可他性情之中带着侠气与任性，十八岁隐居山里读书，之后，开始了漫长的远游征途。

传说中的"诗酒趁年华，仗剑走天涯"，用来形容他确是恰到好处。

少年长大后，经历种种，曾有过一时辉煌，奉诏进京、帝王赐宴，也有过穷困潦倒，自暴自弃到与市井之徒交往。

他见识了朝廷黑暗，被权贵陷害排挤出京；也再度云游四方，见识了祖国的大好河山。

世间人心复杂，冷暖自知，倒不如与山林为伴，读书、饮酒来得痛快。

这天，他应邀与两位好友一同登山，处于山野林间，登高放歌，山居为客。酒至半酣时，他一时兴起，诗情大发。

只见他端起酒杯一饮而尽，挥手吟道："君不见黄河之水天上来，奔流到海不复回。君不见高堂明镜悲白发，朝如青丝暮成雪。"

黄河之水一路奔腾，后浪阵阵推着前浪，直到汇入大海，不可逆流，也无法重来。在无尽的时间长河中，人的一生不过短短瞬间。

忽然某天,他对着镜中的自己看去,才发觉已是满头白发,不禁心生悲伤。原来,一生光阴竟如此轻易就从指缝间溜走,似乎早晨还乌黑发亮的发丝,到傍晚已白如霜雪。

山河远阔,壮丽的景象摄人心魄,相比之下,人的存在实在是渺小脆弱。

从青春少年到年老鬓白,短促得如同发生在一天之中,怎么能叫人不为之悲叹?

既然生命如此短暂,不如放下那些烦忧,过好当下的每一天。开心的时候,就快乐地喝酒,今朝有酒今朝醉;失意的时候,抛开那些世俗纷扰,粗茶淡饭也是生活。

他仰头饮下第二杯,感叹道:"人生得意须尽欢,莫使金樽空对月。天生我材必有用,千金散尽还复来。"

光阴乃百代之过客,若是囿于功名利禄的追求,心总会被外物牵着走。要让人生没有遗憾,就该让心安于自己身上。相逢喜事,自当纵情欢乐,酒是少不了的,可别手持金樽,却让它空空如也地对着明月。

人生得意时的庆祝各有方式,但更为重要的是在失意时别迷失了自我。就算眼下遇见困境,生活不尽如人意,也千万别因为外界的影响而否定自己。要知道,每个人生于这世上都一定有着他的优势与长处,自信是战胜一切困难的核心。

人都有社会属性,既然无法与社会完全隔离,就免不了有渴望入世的心态,希望获得世人认可,实现自己的价值。可是，切莫忘记了，只有你肯定自己，相信自己，才会有实现理想的那一天。

"好诗！"
"豪情！"
四句诗一出口，两位好友纷纷举杯致敬，一番觥筹交错。

时至中年，结交过权贵，也有过怀才不遇的失望，他们怎会不心生感慨？只是人生匆匆，与其消沉地度过余生，还不如恣意尽欢。

于是，"烹羊宰牛且为乐，会须一饮三百杯"。

既然荣华富贵都只是过眼云烟，就先快乐地大摆筵席，不枉费当下的时光。来来来，杀只全羊，宰头整牛，以吞吐江河之势喝个三百杯才罢休！

人生之中，哪里有什么一帆风顺？遭遇不公时的无奈，不被理解时的烦闷，都是人生常态。可无论你以何种方式继续，日子还是要过下去。是看开了眼前得失，让自己与世界和解，还是压抑愤懑，不甘又不愿，都是自己的选择。

而他，有失望与悲愤，也有自信与抗争，相信自己的才华终有一天会派上用场，内心才能足够地坚定。

抓在手里的东西，如梦幻泡影，转瞬即逝，此刻，与两位好友吃肉、喝酒才是正事。他性情高涨，热情地招呼着身旁好友一同畅饮："岑夫子，丹丘生，将进酒，杯莫停。"

酒逢知己千杯少，咱们继续喝啊，别停下。

晚风吹过树林，明月渐渐升起。一时之间，友人们都进入到心流的状态，专注而忘我地感受着痛快肆意的氛围。

酒一杯接一杯地喝下肚里，醉意也缓缓地浮上来。他仰天大笑，举杯对好友说道："我来给你们唱首歌助助兴，听好啦！"

寂静山林里，夜空上响起豪放的歌声，松涛、虫鸣、酒香，汇成一副立体的画面，是心之所向的自在欢愉，是任尔东南西北风的率性。

（2）

他不仅是酒仙，也是诗仙。

一个仙字，将他浪漫飘逸的风骨形容得恰到好处。

他满怀一身才华，行走于山川湖海，也曾伴随在玄宗皇帝左右，参与过不少郊游和宴席。世间风景看了许多，不同阶层的生活也经历不少，胸中自有一番不同于凡人的气象。

他内心既向往着超脱世外的隐逸生活，又关注着国家和百姓的命运，有一定的政治理想和对建功立业的渴望。

"钟鼓馔玉不足贵，但愿长醉不愿醒。古来圣贤皆寂寞，惟有饮者留其名。"

有时候，人活得太清醒只会徒增痛苦，朝廷里的黑暗和政治上的腐朽让他充满忧患，却又对此无可奈何。

酒过三巡，似醉非醉，他胸中怀着的满腔感叹化作诗句汩汩流出。

那些荣华富贵并非他人生追求的目标，遥看这世间万代，圣贤之人谁不寂寞？他们孤独，是因为曲高和寡、不合时宜，不愿同流合污的清高，使得他们被排挤在外，终究无法实现为国效力的理想。

同样，他也是寂寞的。

当初受诏入京，被封为翰林待诏，他踌躇满志想要有所作为，不料好景不长，还未来得及做出一番事业就被赐金放还。

世上千里马难寻，而伯乐更难寻。他离开京城再度云游时，心情是低落的。在此处，英雄无用武之地，既定的人生规划与方向又要推倒重来。

从诗作当中，我们也可以感受到矛盾的情绪。他说，但愿长醉不复醒，却又明明活得如此清醒。与其说他是借酒消愁，倒不如说是暂且放下那些烦闷，放下内心的不平。

说到酒，他一念想到陈王曹植。

"陈王昔时宴平乐，斗酒十千恣欢谑。"想当年，陈王在平乐观摆设宴席，一众皇室贵族喝着名贵的酒，尽享奢华之风，肆意享乐。

如今，三位好友聚集一堂，当然也要喝个尽兴！

酒瓶很快又见了底，他大喊道："快上酒来！"请客之人按住他的手,轻声说了句:"可能钱不够了,要不今天就到这里为止吧?"

他喝得兴致正高,怎么肯就此罢休?于是,摆了摆手,冲店家大肆叫道:"尽管给我上酒,还得上美酒!大不了,把珍贵的马匹和皮衣都拿去典当了换酒喝。"

千金散尽还复来,身外之物不足道也。今宵与友人共饮,是要将那万古惆怅都扔掉啊!

(3)

二十多岁时,李白乘船出三峡,远游四方,机缘巧合下,在江陵会见了玄宗非常崇敬的名道士司马承祯。

司马承祯一见他,便觉得此人资质不凡,气质极佳。看过他的诗文之后,更是为他的才情所惊叹,赞叹他有仙风道骨,是非凡之人。

芸芸众生,司马承祯见过太多,达官贵人和平民百姓之中,难得遇见这样的人才,不仅诗文写得极佳,且超然物外,对荣华富贵看得淡泊。

李白得此嘉誉,也是欣欣然备受鼓舞。他想要去追寻的正是这样一个悠然自得的世界。

那时,他写下《大鹏遇希有鸟赋》,名扬天下,开始了腾飞之旅。

一路上,他结识了不少达官贵人,声誉响彻四方。凭借一身才华,他走入了玄宗的视线。

可是,造化弄人,当他一步步走进最高统治阶层时,也逐渐看见朝廷内部的黑暗腐朽。在皇帝身边待着,才发觉那些表面的繁荣背后已经滋生出危机,越是在皇帝身边的人越是有着骄纵蛮横的性情,甚至造谣诋毁,诬陷他人,这无疑让他备受打击。

离开京城后,他带着失意落寞的心情重新踏上云游之路。

一路上,他又结识了不少性情相投的朋友,又写下了许多流传后世的篇章。但他心里,一直存在着过隐逸生活和从政济

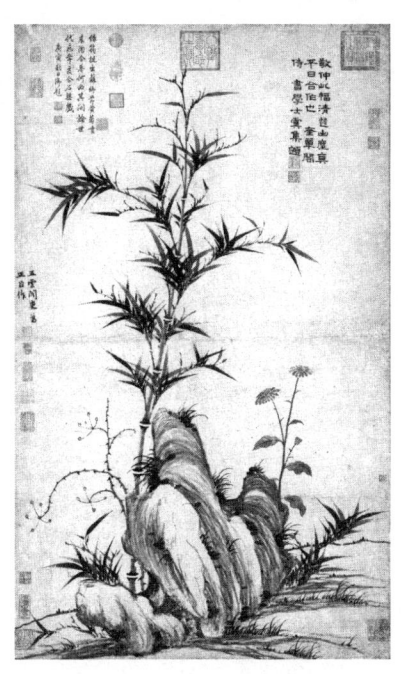

世的矛盾思想。

李白生性爱自由,如闲云野鹤,无拘无束惯了,喝起酒来,更是放浪形骸的模样。可是,他又做不到对社会民生不闻不问。胸中聚结的块垒,烈酒也无法浇透。

在这样的遭遇和矛盾的思想下,他创作出此文。将狂放的口吻、洒脱的态度、豪迈的理想、愤懑的情绪,全都写进了这篇诗作里。

文中,豪言壮语的弦外之音是对现实的悲哀之感,极其夸张的用词背后,却能读出诗人的情感激流。

忆往昔繁华,心生哀伤

——唐代·杜甫《哀江头》

少陵野老吞声哭,春日潜行曲江曲。
江头宫殿锁千门,细柳新蒲为谁绿?
忆昔霓旌下南苑,苑中万物生颜色。
昭阳殿里第一人,同辇随君侍君侧。
辇前才人带弓箭,白马嚼啮黄金勒。
翻身向天仰射云,一笑正坠双飞翼。
明眸皓齿今何在?血污游魂归不得。
清渭东流剑阁深,去住彼此无消息。
人生有情泪沾臆,江水江花岂终极!
黄昏胡骑尘满城,欲往城南望城北。

（1）

　　他出生于名门望族，自幼过着富裕的生活，这让他一直无忧无虑，常常爬树打枣摘梨，快乐地跑来跑去。

　　因为家庭地位，他很早就有机会接触到各类高等文化艺术，日积月累的熏陶，不仅开阔了视野，也在他心里培养起文艺审美的情趣，为日后的创作打下基础。

　　七岁时，他已显露出文学方面的才华，十余岁时写下的诗作得到了许多社会名流的赞赏。之后，他离开家乡游历多国，开始关注国家大事和天下苍生。

　　优渥的早期生活并没有延续到他的一生。从二十多岁起，他屡次应试，想要考取功名，却频频落第。从此，他的人生改变了走向，儿时无忧无虑的快乐不复存在。

　　科举之路走得崎岖坎坷，为实现政治抱负，他试着结交权贵，想要通过另一条道路寻找机遇，却始终郁郁不得志。

　　直至四十三岁，人到中年，他才被授予一个无足轻重的小官职。满腹才华无处可施，但迫于生计，他还是接受了这个职位。可是，就在这一年，当他回到家中探亲时，竟遭遇了小儿子饿死的人间悲剧。

　　同年，安史之乱爆发，原本在羌村避难的他听说肃宗即位的消息，便安顿好家人，只身前去京城投奔，却不料半途中被叛军俘虏,押送至已经沦陷的长安。

此时,长安城里关押着许多官吏。由于他的官职不足挂齿,看守较为随意,他得以寻找到从一众被俘人员里逃脱的机会。

次年春,走在物是人非的曲江边,他心生无限感慨,写下这篇诗作。

(2)

遥想当年盛世,社会安定繁荣。曲江池边,山色清新迷蒙,草木倒映在碧波之中,不时可见白鹭飞翔,一派诗意美好的景象。

长安百姓和文人墨客们时常出入此地,饮酒作诗,观赏山水美景。不仅平民百姓爱曲江,皇室贵族也青睐此地。每到农历二月初一的太阳诞辰日和三月三的黄帝诞辰日,唐玄宗都会安排最高级的皇家乐队进行乐舞演出,并赐宴群臣。曲江池边热闹非凡,人群接踵摩肩,车马往来如织。

如果说曲江池是大众的热闹,芙蓉园就是皇家的盛景。

玄宗皇帝贪恋曲江芙蓉园的美景,为了方便常来又不被人发现,他突发奇想,命人沿着长安外的东城墙开辟了一条直接从兴庆宫到芙蓉园的通道。此后,他便经常与杨贵妃从这条通道前往芙蓉园玩乐宴饮。

如今长安沦陷，只剩空荡荡的街道和一片萧瑟清冷。

从被俘人群中逃脱后，杜甫沿着街角巷弄潜行至曲江附近，回想起昔日的繁华景象，他不禁悲从心生，泪湿衣衫。

此情此景，实在是令人难抒胸臆，他想要哭喊，却不敢出声，只能默默将眼泪朝肚里吞。

沿着江边缓慢地行走，他不时四下张望有无追兵前来。这哪里还是当初那个春日游玩观赏的胜地？只是一个回眸，都让人愁肠千结。

旧时的曲江只剩下躯壳，那些莺莺燕燕频繁出入的宫殿，如今都深锁着大门。

江头堤岸处，亭台楼榭与奇花异草相映成趣，装饰华丽的马车拥挤在街道上，行人几乎找不到落脚的地方。这些繁华都已如水逝去，就像梦一场。

杜甫抬头望见依依柳条上嫩绿的新芽，江水之中的蒲草又开始新一轮的生长，可是，年年岁岁花相似，岁岁年年人不同，故国已亡，它们又是为谁而绿？为谁绽放？

想当初，玄宗皇帝御驾到此游玩，随行车队阵容浩荡。芙蓉苑内，奇珍异宝让人目不暇接，与名贵的花草树木交相辉映，一派奢华。

宝马香车，美人在侧。杨贵妃与玄宗同乘一车，前有英姿飒爽的戎装侍卫开道，那些女官个个骑着良驹骏马，精美的嚼口笼头都是以黄金打造而成的。

女官们身手敏捷,箭无虚发,仰头向着高空拉弓上弦,瞬间就击落一对比翼双飞的鸟儿。只可惜,这精准的射手,也不过是玄宗皇帝为博美人一笑的牺牲品而已。

圣上沉迷女色,不问国事,又怎么能成为一代贤君?

淫逸享乐、放纵奢靡的生活让人麻醉,这样的日子过得久了,也就没了居安思危的意识。他们兴许从来不曾想到,会落到那般悲惨的结局。

富丽堂皇的马车上,笑得倾国倾城的杨贵妃就那么香消玉殒,被埋葬在马嵬坡下。而对她宠爱至极乃至荒废朝政的唐玄宗,却从剑阁走进了深山里曲折的蜀道。从此,阴阳两隔,相聚再无他日。

（3）

对往昔的回忆，让杜甫愈加感到凄凉悲伤。

江水年复一年地流淌，花朵随着四季的更替从绽放到凋谢，亘古如斯。可是，人是有情感的动物，目之所见的景象让他感慨万千，这哀伤无人可诉，唯有写成文字，当作献给盛世的一曲挽歌。

不知不觉间，已至黄昏。

远远望去，叛军满城出动，马队扬起滚滚尘土。一时间，紧迫的气氛逼上心头，杜甫匆匆加快脚步，却慌乱到晕头转向，心想向着城南的住处前行，脚步却向城北走去。

这首诗的基调沉痛而压抑，在那样一个偷偷逃离的时间里，杜甫来到曾经繁华的曲江，见到凄凉如墓的现状，内心怎会不起波澜？

让他哀恸的，不只是人去楼空、辉煌不再的旧地，更是统治阶层放纵享乐的生活酿下的祸根。哀故土衰亡，更哀国君不争。

末尾处，忽然又回到现实。诗人沉痛的情绪难以抑制，却面临叛军将至的恐怖，此刻无心再顾及其他，只能怀着一颗悲痛的心仓皇逃离。

全篇到此戛然而止，却留下浓浓的愁绪。

宁可孤独,也不流俗

——宋代·苏轼《卜算子·黄州定慧院寓居作》

缺月挂疏桐,漏断人初静。谁见幽人独往来,缥缈孤鸿影。

惊起却回头,有恨无人省。拣尽寒枝不肯栖,寂寞沙洲冷。

(1)

回望历史,像他这样的人实在少有。

诗、词、文、书法、绘画,他样样都得了极高的造诣。别人读书,读的是文字,他却善于观照内心,读出贯通古今的妙理。别人过日子,看到的是柴米油盐,他却极具慧眼,信手拈来便可入诗,哪怕是日常中随处可见的事或物,都能句句成理趣、显大道。

随父第一次赴京参加科举考试，他写的策论就脱颖而出，让试官梅尧臣大为惊叹，被主考官欧阳修赞赏道："此人可谓善读书，善用书，他日文章必独步天下。"

年纪轻轻的苏轼，一试之名，轰动京城。

得到文坛名家欧阳修的赏识，又有真才实学，苏轼本应前程大好。

可不料，先是母亲病故，父子一行回老家奔丧；后是父亲逝世，兄弟二人再度离京守丧。等到他再度回到京城时，朝廷里与往年已经大不同。因王安石倡导的新法引来一些争议，他挥笔写下新法弊病，因此惹怒了现任宰相。

这个朝廷已经容不下他的存在，苏轼请求出京任职。

辗转几年，到湖州任知州后，他还是没能逃过新党的魔爪。他呈了一篇《湖州谢上表》给神宗，这本是正常的官文，却引发了北宋著名的乌台诗案。

御史妄加评论，状告苏轼讥讽朝廷，为了夸大其词，甚至翻出他从前的大量诗作，把一些带有个人感情色彩的词语挑出来，安上包藏祸心、有违圣上等等罪名，认定他罪该万死。

朝中好友将此事悄悄传给他，就在苏轼得知消息后不久，朝廷的人已经到达湖州进行抓捕。他心想，这次大概是逃不脱被处决的结局了，甚至在狱中写了首诀别诗给弟弟苏辙，想到要自杀辞世。

这场文字狱不仅让苏轼被逮捕,还因此牵连了许多人。

一时间,在朝在野的一众师友纷纷展开救援行为。大概是上天垂怜,他入狱百余天,虽然"铁证"如山,却迟迟没有被处决。

与此同时,不止苏轼的同道中人出手声援,一些变法派的人士也加入劝谏的队伍。事情峰回路转,一说是由于王安石的弟弟王安礼替他求情,一说是退休金陵的王安石也上书劝神宗不要杀苏轼。

最终,苏轼被贬至黄州,好歹逃过此劫。可是,这次事件让苏轼受到沉重打击,对朝廷也愈加感到失望。

初到黄州,他寓居在定慧院内四年多,这首词便是那时所作。

(2)

寂静深夜里,人们都已经睡去,计时的漏壶不再发出水滴的声音,连秋虫的鸣叫也戛然而止,世间万物都进入了梦境。

庭院内,一轮弯月高高地挂在天空,溢洒着清辉。秋风起时,落叶哗啦啦地往下掉,如水般清凉的月光从枝丫间倾泻而下,流得满地都是。

他只是轻叹一声,却在胸中激起绵长的回响。前尘往事如同旧梦一场,风光也好,责难也罢,他总归还是要生活在这世间,孤独地面对明天。

"谁见幽人独往来,缥缈孤鸿影。"月夜孤鸿,一片清冷寂寞的景象浮现在眼前心头。他在月光下走来走去,看着单薄的影子在脚边随行。

离开京城后,一路上思绪纷杂。他一番雄心壮志想要为国效力,还没来得及做出成绩,就遭遇了政治风暴。乌台诗案如同沉重的块垒淤积胸中,饮再多烈酒也无法浇透。

半生沉浮,落到如此境地,他有一箩筐的心事,却不知该向谁诉说。然而,他并不后悔。

作者以孤鸿自喻,在"惊起却回头,有恨无人省"的境况下,却仍是"拣尽寒枝不肯栖"。大雁在遭遇不测时,虽有惊恐幽恨之心,慌乱地飞来飞去,却不愿栖息在那些光秃秃的树枝上,宁可飞落到低处的沙洲。

眼下居住的黄州定慧院，不正是凄冷寂寞的沙洲吗？尽管在这世间知音难觅，不被人理解难免会有痛苦，可内心有着坚守的信念与清高，他是无论如何也不愿随波逐流的。

（3）

黄州团练副使，不过一个虚职。苏轼被贬至此，背腹受敌，生活艰难，那种孤独寂寞的心情无法尽诉，但内心的高洁孤傲却分毫未减。

一场悲剧性的乌台诗案，让与他交往密切的许多人都遭遇了被贬的结局，党政之间的斗争是血腥而惨烈的，一不留神就可能飞来杀身之祸。

好在苏轼本性乐观豁达，在命运之轮的碾压下，他并没有就此消沉不起，而是另辟蹊径，带着家人们开垦种田，用以维持生计。

他给自己取了个别号，叫"东坡居士"，尽管生活清贫，他却在平淡清简之中寻找到诗意。偶得闲时，与三五好友在山野林间品茶赏游，不失为一种乐趣。

在这首词作中，苏轼内心的苦闷与孤独是显而易见的，但同时，我们依然能从孤鸿的身影中看见他超脱与倔强的态度。

丰富的人生阅历，渊博的学识和满腹才华，让苏轼得以超越痛苦。目之所见，皆成道理，一景一物，皆成文章。在他的笔下，景物也有情有理，传递出深刻的人生感受与哲思。

大抵是文品与人品本质上融会贯通，苏轼的气度与格局打破了文体限制，让诗尊词卑的观念有了根本上的变革。

他的书写内容包罗万象，既有对客观世界的观察与记录，也有对内心世界的探索与反思，各种文体信手拈来，风格变换自如，哪怕是用极为平易的语言也能表达出雄放的气韵。更为可贵的是，在命运的反复捶打下，他找到了自洽的生活方式。

无论是文学艺术成就，还是幽默机智的生活智慧，苏轼都可谓一代巨匠。他所留下的文学艺术作品带着超脱的人生境界，对于后世之人有着审美的启迪。

旧梦如隔世,只待追忆

——宋代·李清照《永遇乐·落日镕金》

落日熔金,暮云合璧,人在何处?染柳烟浓,吹梅笛怨,春意知几许?元宵佳节,融和天气,次第岂无风雨?来相召、香车宝马,谢他酒朋诗侣。

中州盛日,闺门多暇,记得偏重三五。铺翠冠儿,撚金雪柳,簇带争济楚。如今憔悴,风鬟霜鬓,怕见夜间出去。不如向、帘儿底下,听人笑语。

(1)

芸芸众生中,有趣的灵魂万里挑一,她一定是其中一个。

这个小女子聪慧伶俐,个性十足。打小,她便自由翱翔在书海之中,父亲乃进士出身,又是大文豪苏轼的学生,家中有着浓厚的文学氛围,丰富的藏书则成为她儿时的滋养来源。

如果说阅读赋予了她独特的思想个性，见识则让她有了与一般深居闺阁的女子不一样的视野与格局，她的才华和文学修养很早就显露出来。

若是一般书香门第，兴许管教严格，会让天性受到压抑；若是一般富裕家庭，兴许养尊处优，却未必关注民生社稷。她是幸运的，在少女时代便跟随父亲见识到汴京繁华，对朝廷统治和社会现象有了自己的认知。

阅读的积累和盛世景象激发了她的创作灵感，写起诗来纵横古今，让当时的许多文坛名家都纷纷伸出大拇指夸赞，词作更是别具一格，一首《如梦令》让她在京师声名远扬。

她就是被称为"千古第一才女"的李清照。

说起李清照，许多人对她的印象是自在洒脱、生活悠闲，不时喝点小酒，沉醉不知归路，跌跌撞撞误入藕花深处，活泼又可爱的模样。

后来，她遇见了一生挚爱赵明诚，两人之间更是留下许多爱情佳话。别人为了柴米油盐等琐碎事务忙碌时，他们倒乐得简朴归真。因两人都极爱读书，闲时喝茶玩游戏，"赌书消得泼茶香"；为了将喜欢的文化艺术品买回家，两人可以把衣服都典当了去交换。

他们之间的爱情，就是我能想到的爱情最好的样子。

可是，这种无忧无虑的生活并没有延续她的一生。

出嫁后不久，朝廷内发生了激烈的党派之争，李清照的父亲被卷入其中。丈夫赵明诚的父亲一路升迁，为救父，李清照向公公求助，却并没有得到支援，反而因此受到波及。

偌大的汴京已经容不下一个李清照，她孤独地返回原籍，恩爱的夫妻由此被迫分隔两地，几年后，才得以回到汴京团聚。

安稳日子没过多久，她的家庭又遭遇了更大的灾祸。公公赵挺之被罢免后病死，紧接着又因被诬陷导致赵家无立锥之地，李清照于是随赵家回到青州。

从此，他们告别了在京都的富裕生活。但有趣的灵魂无论在何处都能发现美与乐趣，乡村生活带给了他们另一番平静美好。

居住在青州的日子里，夫妻两人潜心创作，倒也和美。直至金人南侵，北宋灭亡，才真正变得流离失所，他们想尽一切办法，都没能保护好最为心爱的书籍和字画。

此后的生活越来越艰难，赵明诚去世后，李清照怀着内心的极度痛苦继续逃亡。途中，因太过孤独无助，再嫁张汝舟，却不料所遇非人，不但没有得到丝毫温暖，反而被谩骂和家暴。李清照忍无可忍，冒着被判刑的后果报官告发，与张汝舟离了婚。

痛苦与折磨并没有打倒李清照，反而让她有了更高的创作热情。只不过，与此前不同的是，她开始更多地关注国家大事，用笔端书写下满腹愁绪，讽刺当政者的昏庸无能，以及抒发对故国的思念和对国破家亡的感慨。

这首词便写于李清照晚年流寓江南之时。

（2）

日暮时分，余晖漫天尽染，黄灿灿一大片，如同熔化的金子。此时，一轮明月已然在天空一角高高悬挂，被绚烂的彩云环绕着。

她仰望着眼前绝美的天空，内心却再也无法升起喜悦。少女时代那个天真烂漫、无拘无束的小女子消失了影踪，经历了如此多的人间非难，早已寻不回当初的简单美好。

失去故国家园的人，就算劫后余生，又有什么值得庆幸呢？她怀念起曾经在汴京的岁月，恍惚间不知如今身在何处。

黄昏的雾霭渐渐弥漫，百姓家的炊烟也袅袅升起，青青翠柳在风中摇摆，谁又能知道还有多少春意？那悠远的笛声在吹着《梅花落》，更是平添了几分哀伤。

这天正逢元宵佳节，是晴日碧空、微风和煦的好天气，但她心里却始终愁云密布。经历了如此多人世间的变幻无常，更是不敢期待来日方长，眼下的好天气，说不准就会在下一秒变成狂风暴雨。

她如此孤独，却宁愿孤独地看着夕阳西下，清瘦的身影被拉得很长很长。此时，思绪随着天边的云彩散开，佳节的气氛让她陷入更深的怀念里。

一辆装饰华美的马车停到屋前，车身上雕刻的镂空花纹造型精美。来者是旧友，轻轻握着她的手道："易安，难得元宵佳节，宴会已经布置好，跟我们一同去吧。"

曾经，她是那样一个飒爽的女子，诗歌酒赋样样都玩得精通。如今，却被浓重的哀愁和孤独包围着，再无心情去热闹的场合里纵情欢乐。

她婉言谢绝了旧友的邀约，看着她们驾车离去，直至滚滚尘埃落定。

回忆起在汴京生活的日子，恍若隔世。那时，她是幸福快乐的，生活和美、充满笑容。

繁华盛世里，女子们有许多用以消磨时间的小乐子。她是最爱聚会和游戏的。正月十五的元宵佳节，京都的百姓几乎全城出动，街上张灯结彩，热闹非凡。

放眼望去，可见众多美人走动，她们的帽子上装饰着漂亮的翠鸟羽毛，用素绢和银纸制作成雪白如柳叶的头饰贴在云鬓，丝丝缕缕的金线在灯笼的光照下如星辰闪耀。

她生来美丽，一经装扮，更是形象出众，惹人注目。

被宠爱有加的时光里，品尝到的都是甜蜜。但一切都如过眼云烟般消散，眼下凄凄惨惨戚戚，乍暖还寒时候，她已是憔悴不堪的模样。

内心的绝望无处躲藏，又怎么会有心思去梳妆打扮？风吹得乱发飞舞，她就任其乱舞。在热闹的节日里，人群只会让寂寞愈发浓重，干脆就不出门了吧。

旧梦如岁月老去，她对灯会的盛况再也无法提起兴致。不如，就独自守在清冷的家中，听着别人家里传出的欢声笑语，度过这元宵之夜。

（3）

李清照的一生，充满传奇，也充满坎坷。

前半生，她恣意率性，无拘无束地在自然中打滚，饮酒作乐，写诗作词，将女子的细腻情感与闺中生活诉于笔端。她是独特的，诗词之中彰显着个性与审美，读来清俊却有力，让人一下子就能发生情感共鸣。

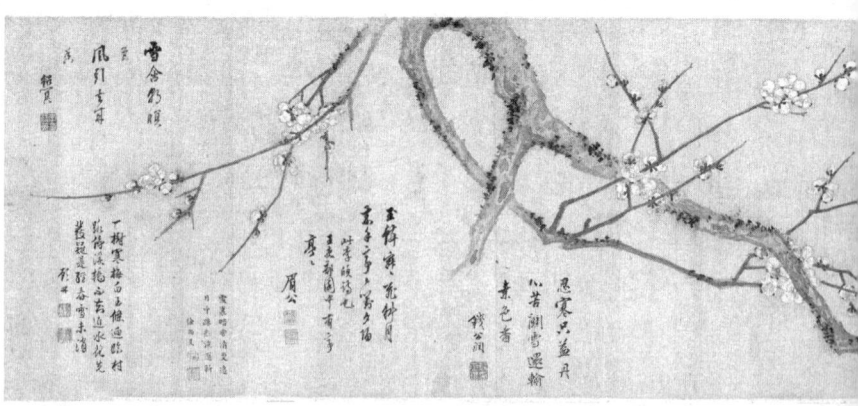

后半生,她经历流离颠沛,饱经国破家亡的痛苦,诗词之作也一改之前的活泼轻快,变得凄凉而哀伤。

如果从来不曾见识过美好,兴许就不会有那么深重的惆怅与痛苦。

回不去的故土,如同回不去的幸福时光。流落在南方的晚年,物是人非事事休,是愁上加愁的孤独与凄凉。

梦里梦外,她满怀着对故国的思念,始终无法释怀。个人的悲惨境遇,时代的艰辛苦难,让她内心的哀愁无法驱散。

这首词,是李清照晚年的真实写照。

她曾是那样一个会生活的女子,如今却已然丧失了去认真生活的兴致。一颗有趣的灵魂,在无限孤苦中渐渐磨去了好奇之心,也磨去了热烈投入世间的激情。

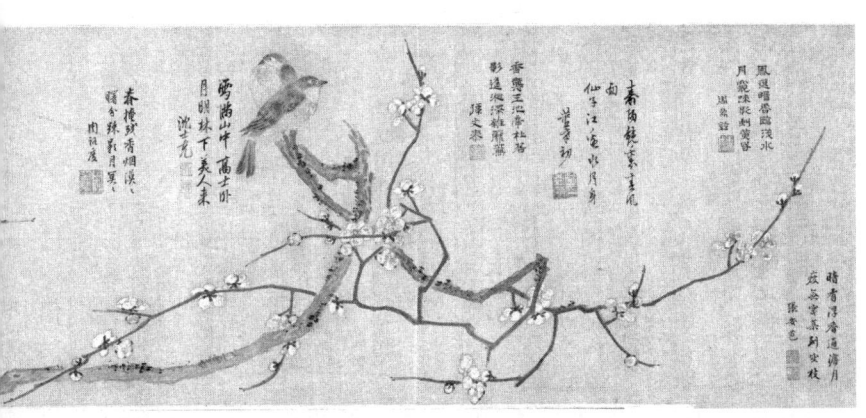

知行合一,心外无物

——明代·王守仁《答顾东桥书》(节选)

来书云:"真知即所以为行,不行不足谓之知。此为学者吃紧立教,俾务躬行则可。若真谓行即是知,恐其专求本心,遂遗物理,必有暗而不达之处,抑岂圣门知行并进之成法哉?"知之真切笃实处即是行,行之明觉精察处即是知。知行功夫,本不可离。只为后世学者分作两截用功,失却知行本体,故有合一并进之说。

真知即所以为行,不行不足谓之知。即如来书所云知食乃等说可见,前已略言之矣。此虽吃紧救弊而发,然知行之体本来如是,非以己意抑扬其间,姑为是说,以苟一时之效者也。专求本心,遂遗物理,此盖失其本心者也。夫物理不外于吾心,外吾心而求物理,无物理矣。遗物理而求吾心,吾心又何物邪?心之体,性也,性即理也。故有孝亲之心,即有孝之理；无孝亲之心，即无孝之理矣。有忠君之心，即有忠君之理；无忠君之心，即无忠君之理矣。理岂外于吾心邪？晦庵谓："人之所以为学者，心与理而已。心虽主乎一身，而实管乎天下之理。理虽散在万事，而实不外乎一人之心。"是其一分一合之间，而未免已启学者心、理为二之弊。此后世所以有专求本心，遂遗物理之患。正由不知心即理耳。

夫外心以求物理，是以有暗而不达之处。此告子义外之说，孟子所以谓之不知义也。心一而已，以其全体恻怛而言谓之仁，以其得宜而言谓之义，以其条理而言谓之理。不可外心以求仁，不可外心以求义，独可外心以求理乎？外心以求理，此知行之所以二也。求理于吾心，此圣门知行合一之教，吾子又何疑乎？

（1）

顾璘，号东桥居士，是明代的政治家、文学家。

他曾在多地为官，经常邀请宾客，置办酒席，弄一些诗文唱和的雅事。因工于诗文，与刘元瑞、徐祯卿并称"江东三才"，与陈沂、王韦、朱应登并称"金陵四大家"。

顾东桥与王守仁是朋友，经常从南京写信寄给王守仁，与之探讨心学主张。有天，他在信中与王守仁讨论起"知行合一"的观点。

来信中写道:"真知是能够去执行,不付诸行动便不足以称为真知。这是对学者们非常有用的指导,他们务必按照知行合一的方法去躬身行事才行。可是,如果真的说只有行动才能真知,恐怕学者们会专注去求本心,从而遗弃事物本来的道理。如此一来,肯定会有偏颇而不通达的地方,难道这就是圣门知行并进的成法吗?"

王守仁见信后,写道:

"知"之真切笃实处就是行,"行"至明觉精察处就是知。知与行是一个整体,本不能割裂分离。只是因为后世学者把知行割裂成两部分去下功夫,忘却了知行的本体,才有知行合一并进的说法。

真知是能够通过实践去表达其真实性的,不能通过实践体现其有效性的知识不足以称为真知。就像你在来信中所写,知食才进食等例子也可说明,前面已经简要地谈及这一点。虽然知行合一是为了挽救时弊而提出来的,但知行的本体也就是这样,并非用自己的意思去胡乱抛出观点,以达到一时的效用。"专求本心,遂遗物理",这样的人就是失去了本心。事物的道理从来就不在我心之外,那么,在我的心外去寻求事物本真的道理,也就是没有道理了。相反,如果遗弃事物本来的道理而去寻求我的内心,那我的内心又是什么东西呢?

心的本体是性,性就是理。因而有一颗孝敬父母的心,就有了孝敬的道理;没有孝敬父母的心,也就没有孝敬的道理。

有对君主忠诚的心,就有忠诚的道理;没有对君主忠诚的心,也就没有忠诚的道理。道理难道可以在我的心外存在?

朱熹曾说过:"人之所以成为学者,不过是心与理的结合而已。心虽然看起来只掌管身体,实际上却掌管着天下的道理。道理虽然散落在万事万物之中,而实际上,不外乎存在于一个人的内心。"

因为王守仁把心与理分开来讲,这一分一合之间,不免让一些学者产生误会,把心和理当成两件事物来看待。后世之所以出现"专求本心而遗忘事物本来之理"的问题,正是因为那些人不知道心就是理。

人们去心外寻求事物之理,才有了偏颇而不通达的地方。这就是为什么当告子说义在心外时,孟子认为告子并没有真切地理解"义"。

每个人的心只有一个,如果心里有着对世间众人的恻隐之心,这就是仁;如果心里能够将得失利益置之度外,这就是义;如果心里清晰有逻辑,这就是理。既然不可以到心外寻求到仁,不可以到心外寻求到义,难道独独可以到心外寻求到理吗?到心外去寻求道理,就是把知与行分离成两件事。而在我的心里寻求真理,这正是知行合一的主张,你还有什么地方可质疑的呢?

(2)

王守仁,号阳明,是明朝著名的思想家、文学家、军事家和教育家。

他的理论体系是对孟子的继承,但是他又反对把孔孟思想视为一成不变的东西,强调个人的主观能动性。他开创了阳明心学,提倡"致良知"和"知行合一"的观念,在思想上具有解放个性的先驱作用,是明朝中晚期的主流学说。

《传习录》的成书与《论语》非常相似,是由王阳明的门人和弟子对其语录和信件整理编撰而成的,书名中的"传习"出自《论语》中的"传不习乎"。

在《答顾东桥书》中,王守仁明确提出"知行合一"的心学主张,并对此进行了哲学阐述。

"知"与"行"是儒家哲学中的两个重要概念,王阳明认为,这两者本为一体,就像一枚硬币的正反面,相互依存,不可分离。

然而,这与我们平时说的"理论联系实际"并不是一回事。任何事情,并非只有在"知"的前提下,才能行动。一念起时,依念而行,不被妄念干扰,这就是知行合一。

在王阳明看来,虽然我们要一生保持求知欲,努力学习新知识,但如果学习了之后却从不付诸行动,那就等于没学。任何事情,都必须要亲身经历之后才会有真知,人生路上的每一个阶段、每一个身份，都需要我们自己去体悟，才能形成真切的认知。

比如你内心有了想要学习一件乐器的主观意识，只有通过真正地去弹奏，才能理解乐理，在对乐理的运用中，才能真正熟练掌握这门乐器。"知"与"行"是互为原因和结果的，这也是对个体主观能动性的强调。

（3）

在《答顾东桥书》中，王阳明同时还提出了"心外无物"的心学主张。

他认为，"心"与"理"不能一分为二，割裂开来。人应该更多地关注自己的内心，而不是在心外去寻求真理，个人的修养与品格的完善都需要向内修炼。

这里有个小故事。

有天，王阳明和朋友一同出游，山上开满了野花，朋友指着花对他说："你不是说心外无物吗？可是你看，这些花在山上，你的心却在身体里，花并不在你的心内啊！"

王阳明答道："当我不去看这些花的时候，是不知道它们的存在的，对于我的内心而言，花就是不存在的。只有我去观看欣赏这些花时，内心有了感知，花才与我产生关联。"

心的本质，就是觉知辨识。

我们对世界的认知，都是因为内心的感知和定义，客观世界经由心的投射，才在主观意识中得以存在。所以，王阳明提出，心的感知和定义才能赋予事物以存在的意义。

比如我们每天遇到的人、经历的事，只有在内心接收到信息的时候，它对于你才是真实存在的。芸芸众生生活在同一个世界，却有着不同的世界观，这正是因为心境的不同。

本心才是一切的根基。无论是为人处世，还是治国理政，一个人的本心正直，就不会被外界的声色犬马和名利欲望所干扰，内心明净透亮，才不会丧失本性，被私欲迷惑。

如果人们都拥有一颗天下为公的本心，社会自然能够平和安定；反之，如果人们都心存小我，遇到任何事情都只想着自己的名利得失，就必然会出现鸡鸣狗盗、钩心斗角之事。

在王阳明看来，人们孝敬父母、敬重兄长、邻里和睦、诚实有信，这并非受到外在的力量驱使，而是本性使然。只要人们的本心不被蒙蔽，彼此同心，就能实现政治清明、百姓安居的理想社会。

王阳明一生完成了"立德、立功、立言"三件事，用生命践行了"知行合一"的道理。在《传习录》中，有许多思想都对后世产生了非常深远的影响。

最是深情在日常

——明代·归有光《项脊轩志》

项脊轩,旧南阁子也。室仅方丈,可容一人居。百年老屋,尘泥渗漉,雨泽下注;每移案,顾视,无可置者。又北向,不能得日,日过午已昏。余稍为修葺,使不上漏。前辟四窗,垣墙周庭,以当南日,日影反照,室始洞然。又杂植兰桂竹木于庭,旧时栏楯,亦遂增胜。借书满架,偃仰啸歌,冥然兀坐,万籁有声;而庭阶寂寂,小鸟时来啄食,人至不去。三五之夜,明月半墙,桂影斑驳,风移影动,珊珊可爱。

然余居于此,多可喜,亦多可悲。先是庭中通南北为一。迨诸父异爨,内外多置小门墙,往往而是。东犬西吠,客逾庖而宴,鸡栖于厅。庭中始为篱,已为墙,凡再变矣。家有老妪,尝居于此。妪,先大母婢也,乳二世,先妣抚之甚厚。室西连于中闺,先妣尝一至。妪每谓余曰:"某所,而母立于兹。"妪又曰:"汝姊在吾怀,呱呱而泣;娘以指叩门扉曰:

'儿寒乎？欲食乎？'吾从板外相为应答。"语未毕，余泣，妪亦泣。余自束发，读书轩中，一日，大母过余曰："吾儿，久不见若影，何竟日默默在此，大类女郎也？"比去，以手阖门，自语曰："吾家读书久不效，儿之成，则可待乎！"顷之，持一象笏至，曰："此吾祖太常公宣德间执此以朝，他日汝当用之！"瞻顾遗迹，如在昨日，令人长号不自禁。

轩东，故尝为厨，人往，从轩前过。余扃牖而居，久之，能以足音辨人。轩凡四遭火，得不焚，殆有神护者。

项脊生曰："蜀清守丹穴，利甲天下，其后秦皇帝筑女怀清台；刘玄德与曹操争天下，诸葛孔明起陇中。方二人之昧昧于一隅也，世何足以知之，余区区处败屋中，方扬眉、瞬目，谓有奇景。人知之者，其谓与坎井之蛙何异？"

余既为此志，后五年，吾妻来归，时至轩中，从余问古事，或凭几学书。吾妻归宁，述诸小妹语曰："闻姊家有阁子，且何谓阁子也？"其后六年，吾妻死，室坏不修。其后二年，余久卧病无聊，乃使人复葺南阁子，其制稍异于前。然自后余多在外，不常居。

庭有枇杷树，吾妻死之年所手植也，今已亭亭如盖矣。

（1）

那是间一丈大小的老屋子，小得仅够一个人居住，却老得足够沧桑。

它已年过百岁，四壁的灰尘和泥土如同老人皲裂的皮肤纹理，豁口中常常渗出水滴，每逢下雨天，我们便要四处找地挪桌子，但室内空间太过逼仄，几乎无处可以安放。

这间老屋坐落的方向与众不同，别的房屋通常都是坐北朝南，它却独自背过身，坐南朝北。由于阳光无法穿透墙壁，每当过了午时，屋里的光线就非常暗淡。

我将四壁的裂缝稍稍做了些修补，以避免漏水掉土、屋内泥泞，又在墙上开了四扇窗户，环绕屋子修筑起围墙，让阳光得以照耀在庭院北墙。借着北墙反射进来的阳光，室内总算显得不那么昏暗。

毕竟是要长久居住之所，为了住得舒适一些，我在庭院里种上兰花、桂花、竹子和其他树木，草木葳蕤，平添了许多生机，那些老旧的栏杆也因此有了光彩。

室内，书架上堆满了借来的书籍，我常常待在这儿，时而静坐，时而躺卧。这是属于我的一方自在天地，读书读到兴起时，忍不住摇头晃脑大声吟诵；合上引人深思的书时，常常独自在窗前端坐许久。

小小的庭院里非常安静，偶尔有小鸟来觅食，在地上蹦蹦跳跳的，并不怕人。

每逢十五月圆夜，清凉的月光倾泻而下，映照出半墙明亮。桂花树的影子在墙上绘出抽象的线条画，晚风阵阵吹过，树影也随之摇曳生姿，美好又可爱。

居住在这里的时光，有多少欢喜，就有多少悲伤。

曾经，这里的庭院南北相通，接连成一个大的院落。等到叔叔伯伯们分家之后，就逐渐建起许多小门墙，里里外外都被阻拦分隔开。一时间，混乱得很。东家的狗在西家乱叫，以为来了陌生人；客人要穿过厨房才能去往主人家赴宴；散养的鸡蹲在厅堂之上，一副主人模样。

最初，大院里修建起篱笆来分隔，随后不久又修建了围墙，一共变了两次。

我记得，原先有个老婆婆住在这里，她是已经去世的祖母的婢女，当过家里两代人的乳母。母亲生前对待她非常好。

项脊轩的西面连着内室，母亲生前曾来过一次。老婆婆每次都要对我说起："这儿就是你母亲当时站着的地方。"她说，"只要你姐姐在我怀里哇哇哭起来，你母亲就会用手指叩门，问：'孩子是不是觉得冷？是不是饿了？'我就在门板外跟她应答对话。"

每一次，不等她的话说完，我就忍不住流下泪来，老婆婆也总会泪眼婆娑。母亲的音容笑貌，从今往后，都只能存在于我们的记忆里，再也无法真实地触摸和拥抱。

十五岁时，我开始在项脊轩里读书，常常闭门不出。

记得有一天，祖母走来对我说："我的孩子，好久都看不见你的身影，怎么整天都默默待在这书房里，像个大闺女似的?"说罢离去,轻轻合上门。我听见她自言自语道:"我们家里许久没有读书有成就的人了,这个孩子的成功,该是指日可待了吧。"

没过多久,祖母返回项脊轩,手里拿着一个象牙手板,对我说道:"我的祖父太常公在宣德年间拿着这个上朝,今后你一定用得着。"

祖母殷殷期待的话语似乎还在耳边,就像昨天才发生的事情一样。而如今,她已离开许久,想起她温柔的模样,我忍不住心里泛起酸楚,想要放声大哭。

项脊轩东边的屋子曾经是厨房,来来往往的人去厨房都要经过窗前。为了安心读书,我将窗子紧紧关上,让自己与尘世喧嚣隔离开,时间一久,竟能通过脚步声分辨出走过窗前的人是谁。

在居住的时间里,项脊轩曾经遭遇过四次火灾,但都没有被烧掉,我想,是有神灵在天上保佑我吧!

秦朝时,巴郡有个名叫清的寡妇,她的丈夫得朱砂矿致富,丈夫去世后,她守其家业,终生守寡未再嫁,以财产保护自己,令人不敢侵犯。后来,秦始皇赞誉她为"贞妇",为她修筑了怀清台,并邀请她到咸阳都城安享晚年,特许她保留私人军队,直至她离世。

三国时期,刘备和曹操争夺天下,他三顾茅庐拜访在襄阳隆中耕读的诸葛孔明,"卧龙"诸葛亮出山建立了丰功伟绩,名扬万里。

　　这两个人悄无声息地居住在偏远小地方时，世上之人哪里知道他们？我住在这方寸之地的小破屋里，当我扬眉、眨眼的时候，感觉到这区区小屋里有奇特的光景。若是有人知道这事，会不会说我跟那井底之蛙没什么不同？

（2）

　　以上文字，写于归有光十八岁刚刚考取秀才之时，他以清丽又充满情感的文字写下了对于家与家人的追忆和怀念。

　　那时候，他该是少年得志，颇有建功立业的豪情壮志。文中虽不曾直白道出，却也处处可见他的自信与欢喜。

　　你看，破屋一间，经他稍稍修葺后，便充满了诗情画意。书斋的幽静与美感，在光影之间显露无遗。

　　接着，他以通畅的大庭院逐渐被阻隔割裂，象征性地写出了家族的分裂与人世变故。鸡鸣狗跳，乱糟糟一团的情景背后，想必人心与亲情也淡漠了。写到这里，转而回忆起祖母的婢女、母亲与祖母，内心怎会没有哀伤？

　　那些细微之处的关切与温暖，是他深深刻在心里的爱意。与此同时，祖母的一席话更体现了对他寄予的厚望。

　　火灾也无法烧毁的屋子里，定是有不凡之物吧！他将书斋命名为"项脊轩"，自信能够在方寸之地取得瞩目成就。

祖母赠送象牙手板，是家族长辈认为他有能力承担起光宗耀祖的责任。

有大成就者，一定耐得住寂寞。他每日安于书斋内潜心学习，又以巴蜀的寡妇清和诸葛亮的事例来自比，自信有复兴家族名扬天下的能力。

可是，世事从来不尽如人意，十八岁的踌躇满志并未延续到他的一生。

虽然归有光的文才极佳，后来的科举考试却接连失利，直到三十四岁才考中举人。在这之间，他经历了娶妻生子、妻子离世的变故。

三十三岁那年，他补录了文章末尾两段。

文中提到，他的妻子嫁进来后，时常到项脊轩来，向他问及古时的事，有时则靠着案几学习写字。偶尔回趟娘家，归来时向他转述小妹的话说："听说姐姐家有间阁子，什么是阁子呢？"

这些看起来最为平常的场景与家长里短的琐碎话语，却恰恰体现了夫妻之间的和睦恩爱。

之后过了六年，妻子离世，项脊轩也变得残破，没有再修葺。两年后，归有光因生病，卧床许久，闲来无聊，让人重新修复南阁子，建造设计都与从前有所不同。只不过，从那时起，他常年在外，已经不太居住在那里。

少年之时,将破壁残垣改造一新,是为在书斋里长居久住。如今,亲人一个个离开人世,就算重新修建了屋子,也再没有可以朝夕相对的亲人陪伴身旁,去与留都显得寂寞。

光阴飞逝,浓烈的情意却难以平息。

他不说想念,不说悲伤,却说庭院里有一棵枇杷树,是妻子去世那年亲手种下的,现在已经长得高大挺拔、枝繁叶茂了。伞盖一样的树枝不断生长着,正如他随着时间而愈加对往事伤怀的悲痛之心。

文风依然清新隽永,细微之处可见真情流露,只是,相比前文,少了那份自信欢喜,多了一份平静与忧伤。

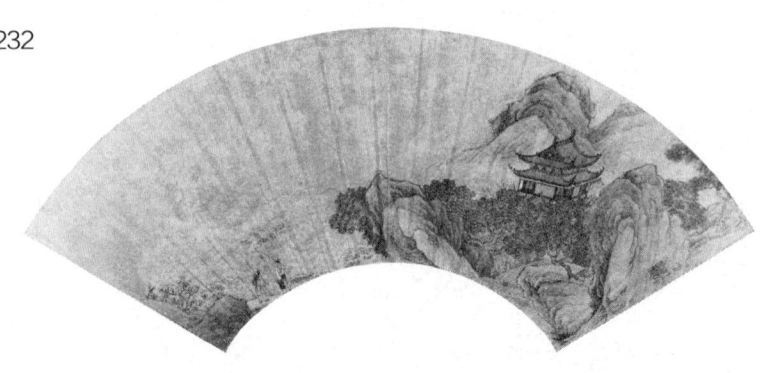

问世间情为何物

——明代·汤显祖《牡丹亭记题词》

天下女子有情，宁有如杜丽娘者乎！梦其人即病，病即弥连，至手画形容，传于世而后死。死三年矣，复能溟莫中求得其所梦者而生。如丽娘者，乃可谓之有情人耳。情不知所起，一往而深。生者可以死，死可以生。生而不可与死，死而不可复生者，皆非情之至也。梦中之情，何必非真，天下岂少梦中之人耶？必因荐枕而成亲，待挂冠而为密者，皆形骸之论也。

传杜太守事者，仿佛晋武都守李仲文、广州守冯孝将儿女事。予稍为更而演之。至于杜守收考柳生，亦如汉睢阳王收考谈生也。

嗟夫，人世之事，非人世所可尽。自非通人，恒以理相格耳。第云理之所必无，安知情之所必有邪！

（1）

故事发生在南宋初年。

江西南安太守杜宝家有个独生女儿名叫杜丽娘，正值豆蔻年华，生得是沉鱼落雁，闭月羞花。

一天，老儒生陈最良来到家中为她授课，刚讲到"关关雎鸠，在河之洲"，对面坐着的小女子已禁不住思绪飞驰，心生向往。

她虽生于富贵人家，自幼得了许多宠爱，却也因为封建礼教的约束，让她自由的天性无法释放，情感找不到出口，只得硬生生压抑在心中。

自从读了《诗经·关雎》，情窦初开的少女内心朦朦胧胧的爱意被唤醒，见花开园中，不免怀春自怜。

那日，与侍女从后花园踏春赏花归来，她感到疲惫困顿，便躺在床上倒头睡去。刚入梦，就见一英俊潇洒的书生手持柳枝向她走来，这书生文质彬彬的模样，请她作诗。杜丽娘欲迎还拒，羞答答一番推迟，两人终是在梦中幽会一场，行夫妻之欢。

从此之后，杜丽娘的心留在了梦中书生那儿。梦里的温情与爱意久久萦绕，她痴痴寻至牡丹亭，却形单影只，更平添了一份忧愁。日日思君不见君，杜丽娘昼夜难安，茶饭不思，时间久了，竟一病不起。

杜宝见女儿如此消瘦下去，心急如焚，为之遍访群医却无药可解。这相思病深入骨髓,让如花似玉的杜丽娘逐渐香消玉殒,失去了生命体征,留在人世的,唯有她为自己作的那副画像。

这时,杜宝升迁为淮扬安抚使,不得不远行。临走前,他将杜丽娘埋葬在后花园的梅花树下,并修建了一座梅花庵观,让石道姑代为看守。

然而,生死乃人间事,深情却足以超越生死。

杜丽娘的游魂来到阴间地府,被问及死因,她将心中深情娓娓道来。幽冥界的胡判官看起来面目狰狞,却怀有一颗善心,听罢杜丽娘的倾诉,他翻出婚姻簿仔细查找,发现确有她与新科状元柳梦梅结为连理的记录,便将她放出枉死城,回到人间。

这厢,书生柳梦梅赴京赶考途中路过梅花庵,因受了风寒,便在庵里小住养病。不曾想到,在园里见到了杜丽娘的自画像,一见钟情。杜丽娘的游魂终于得以和心爱的人相遇,两人在梅花庵里过上了恩爱的夫妻生活。

不久后,石道姑察觉到端倪。柳梦梅也并不避讳,将自己与杜丽娘的爱情如实道出。石道姑被此二人的深情感动,在她的帮助下,柳梦梅掘开坟墓,杜丽娘得以重生。

随后,杜丽娘陪同柳梦梅一起进京应试。参加完进士考试,柳梦梅便以杜家女婿的身份前去淮扬拜见杜宝。此时,杜丽娘离世已有三年,怎么可能死而复生?杜宝认为这书生满口胡言,听说他还掘开了女儿的墓穴,更是怒火冲天,要将他斩首。

吊打审讯之时，传令柳梦梅中状元的朝廷差使与杜丽娘及时赶到，才将他救了下来。

世间残酷，人情冷漠。杜宝无法相信眼前事实，甚至认为这状元与女儿都是妖精，不顾血浓于水的亲情羁绊，写了奏折上书皇帝，令圣上断案。

于是，皇上将杜丽娘传到公堂，用"照妖镜"验之，确凿是真人无疑，方下旨令父女相认、夫妻成婚。

（2）

汤显祖写《牡丹亭》，写的并非俗流的恋爱故事，此篇题词中一句"天下女子有情，宁有如杜丽娘者乎"便道出了其至情的理想。

一位在权贵家庭中成长的女子，自幼接受到的是严格的封建礼教和行为约束。她美貌而多愁善感，可是，在遇到爱情时，内心却迸发出一股强大的力量，这力量让她做出了一系列令人难以置信的事情。

梦中相遇是爱情的缘起，只是因为在梦里有了那次邂逅，她的心便深深陷入其中，思念成疾，竟一病不起。弥留之际，她为自己手绘了一幅画像后，终至情深而亡。

若是仅此而已，就显得庸俗了。汤显祖写的"情"并非仅在人间，杜丽娘肉身已亡，游魂依旧在执着地追寻着所爱之人。她在面对冥界判官时，不卑不亢的诉说打动了判官，得到重返人间的机会。三年后,她终于再次与梦中之人相遇相守,喜结连理。杜丽娘这样的人才称得上是至情之人。

因此,汤显祖感叹道:"情不知所起,一往而深。生者可以死,死可以生。生而不可与死,死而不可复生者,皆非情之至也。"

情深不寿,说的只是人间之爱。但如杜丽娘这般,是能够打破生死的界限,打破阴阳之隔,让精神世界散发出无限光芒的。

爱情的产生从来不是因为某种特定的原因,天下如此之大,在梦中遇见心爱之人的事情当然也不只有杜丽娘一人而已。可是,大多数人却并不以梦为真,非要等到同床共枕、肌肤相亲,才认为是成亲,等到挂冠辞官之后才感到安全。表象和形式,成为人们情感由来的基础。

封建礼教的统治,让人的天性受到压制,而杜丽娘的故事能够流传千年,正是因为她代表着情感意识的觉醒和追求自由的思想。

在题词中,汤显祖提及冯梦龙《情史》中记载的晋代武都太守李仲文之女的故事,以及《搜神记》中记载的晋代广州太守冯孝将儿子的故事,他坦言自己在《牡丹亭》中编撰的杜太守之事是由这两个故事为原型加以修改而成的。故事之中,杜太守对柳梦梅拘押刑罚,也是从汉代睢阳王对待谈生的行为得来的素材。

相比人间的世情凉薄，阴间判官和清心寡欲的道姑反倒显得有了人情味，花神、土地神都满怀善心来帮忙，光怪陆离的想象力消除了现实世界与精神世界之间的阻碍。

杜丽娘的故事，显然不只是一个单纯的爱情故事，其间寄予了汤显祖自身的世情体验和人生思考，将追寻精神自由的理想和对社会的人文关怀都包含其中，以浪漫主义的方式对理想主义进行了深刻的诠释。

汤显祖在故事末尾说道："人世之事，非人世所可尽。"

既然人世间的事情并不都能被世人所理解，自己又并非学识渊博到能够通古博今，那么，也就不必非要从自身认知的道理和逻辑去判断事情的真实与虚妄了。

的确，有时候从情感的角度出发，兴许会看到另一个真实的世界。

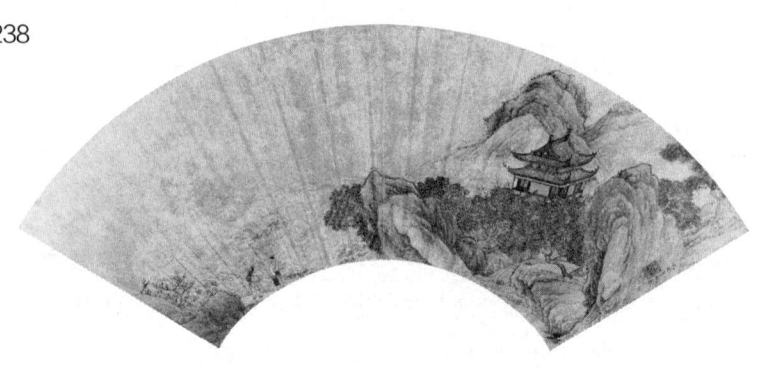

人生智慧，美的境界

——明代·陈继儒《小窗幽记·集灵篇》（节选）

从江干溪畔，箕踞石上，听水声浩浩潺潺，粼粼泠泠，恰似一部天然之乐韵，疑有湘灵在水中鼓瑟也。

泓中叠石，常论高下，但有木阴水气，便自超绝。

段由夫携瑟，就松风涧响之间曰："三者皆自然之声，正合类聚。"

高卧闲窗，绿阴清昼，天地何其寥廓也。

少学琴书，偶爱清净，开卷有得，便欣然忘食；见树木交映，时鸟变声，亦复欢然有喜。常言五六月，卧北窗下，遇凉风暂至，自谓羲皇上人。

空山听雨，是人生如意事。听雨必于空山破寺中，寒雨围炉，可以烧败叶，烹鲜笋。

鸟啼花落，欣然有会于心。遣小奴，挈瘿樽，酤白酒，醊一梨花瓷盏；急取诗卷，快读一过以咽之，萧然不知其在尘埃间也。

闭门即是深山,读书随处净土。

(1)

去自然中探寻山水之趣,乃是我的人生一大乐事。

大江大河浪涛滚滚,以千军万马之势冲开两岸,带着义无反顾的劲头,奔向海洋的怀抱。而山林之间,潺潺溪流从岩石缝中穿过,如同邻家少女轻盈的脚步,生怕打扰到鸟兽虫鱼。

我常常沿水边散步,走得累了,就在岸边找块岩石歇脚,盘腿坐在上头,闭眼听着水流的声音。这水声仿若一首天籁之曲,沁人心脾。你听,江河之乐激昂有力,溪流之乐轻柔婉转。

恍惚间,我似乎感知到湘水女神在水间抚琴鼓瑟。

洪水之中垒砌的石头,不管高低,只要旁侧有树荫遮蔽或是被水雾所围绕,就自然而然呈现出超凡绝俗的美,宛如仙境,引人入胜。

尘世之外,山与水都是我的挚友。在人间徜徉,不如寻山水佳处。四下别无他人,感到胸中快活自可放声大笑,感到心中悲伤亦可肆无忌惮地哭喊。山水如此包容,它们总可以承接住我的一切情绪。

在人间徜徉,难免被世俗的痛苦和烦恼所影响,感官和认知也变得狭隘。我生来不喜与人争名利得失，天地如此宽阔，何不怀一颗悠然之心，去体会清静的乐趣？

与自然结为莫逆之交的并非我一人。段由夫闲来无事时，会携带琴瑟，乐处山林之间。邀松林、溪流、山风为伴，聆听风吹林间，松涛阵阵，清澈的山涧流淌过脚旁，此时，抚琴吟唱一曲，与自然之声交汇融合，他不禁感叹道："琴瑟、松风、水流三者都是自然之声，真可谓是物以类聚啊！"

许多时候，痛苦都来源于自己内心的欲望，如果转换一下看世界的视角，一切会变得风清云朗起来。

得闲时，才能有闲情。相比蝇营狗苟的繁忙，我更爱悠闲地躺在窗下小憩。望着绿树的枝丫互相交错，遮挡成一片浓荫，顿时感到清凉自来。这时候，胸中是自在且宽广的，如同天地之间的辽阔无垠。

回想起年少的时候学习弹琴与书法，使得心中升起静气，尤爱清净的环境。

那时候，我时常捧着一本好书便忘记了时间的流逝，偶然有所收获和心得时，开心得直呼"妙哉"，只觉内在充实而满足，吃饭睡觉都被抛之脑后。

穿越时间与古人对话，在字里行间引发思考，书中应有尽有，乐趣无穷。得了这欢喜，再看屋外草木葳蕤，光影跳跃，各式各样的鸟儿在其间高高低低地飞行，似追逐着一小片移动的阳光并与之对话，不断发出变幻的鸣叫声，这一切都带着欣喜的意味。

虽然正值农历五六月的高温天气，卧于北窗之下，刚好迎来一阵凉爽的微风，心中欢喜雀跃，感到自己像是生活在无忧无虑的上古时代。

行至山里，在幽静之处聆听雨声是雅事之一，让人惬意舒畅。

若是更讲究一些，还得走进深山里，寻一座最为清静的无人寺庙。庙已空无，心也随之空无，自己就像融入了宇宙自然，忘却本身。

此时，扫起寺院内外堆满的落叶，升起小火炉，看火焰慢腾腾冒出来。户外，寒雨沿着飞檐滴落在石子路上，室内，柴火声燃烧得噼啪作响，温暖驱散寒意。

三五好友围坐在火炉旁侧，边闲聊边不急不慢地剥着刚从竹林里采摘来的新鲜竹笋，洗净放入锅中，不一会儿，浓白的汤已咕嘟咕嘟冒起泡来，阵阵香气扑鼻而来。

绿意满满的山中，大自然生机盎然，破败荒凉的寺庙里，因了这炉火、鲜笋、对话，更添意境与趣味。

待到夏末秋初，林间落花飘零，鸟儿唱着惋惜的曲子，又是另一番美景美境。

这万物之间的情感令人动容，欢喜因美而生。我一时兴起，叫家童携带酒瓮出门买回些白酒，又取出柜中的梨花白瓷盏。

四周花落成席，桌上酒已斟满，我迫不及待拿起一卷诗书，囫囵吞枣地快读一遍。读诗下酒，兴致高昂，快活得让人顿时忘却了身在尘世间。

真正怡然自得的人，不被外在的事物所影响，内心自由清净，关上房门就如同行至深山。饱读诗书的人气性平和，看破世间烦恼，安于得失，自然感到处处都如净土一般。

（2）

陈继儒想必是个奇人，才能写下《小窗幽记》这样的奇书。

对书法，他尤为喜爱苏轼和米芾；画山水，他的作品透露出空远的意境；写诗文，亦不乏清逸的趣味。

他是通透之人，三言两语，便将人生哲理说尽。在这本书中，他从修身养性、立言立德、为学致仕、立业治家等等方面入手，杂糅儒、释、道三家的思想，用写意画般清淡的笔法写出深刻的处世之道和安身立命的哲思。

"交友须带三分侠气，做人要存一点素心。"

"使人有面前之誉，不若使人无背后之毁；使人有乍交之欢，不若使人无久处之厌。"

"但看花开落，不言人是非。"

"闭门即是深山，读书随处净土。"

"心中事,眼中景,意中人。"

说起《小窗幽记》,可能有些读者并不熟悉,但上述这些在后世流传甚广的经典语句,很多人一定不会感到陌生。

心烦时读此书,可得清净之心,放下烦恼和贪欲。

困惑时读此书,可得人生智慧,为人处世保持冷静客观,言行举止能够恰如其分。

迷茫时读此书,可得洒脱心态,内心清醒明白,超脱凡俗之外。

这本书有趣,有理,有思,文字如格言警句般简短,句句值得人深思和自我观照。

我爱这个光怪陆离的世界

——清代·蒲松龄《聊斋自志》

披萝带荔,三闾氏感而为《骚》;牛鬼蛇神,长爪郎吟而成癖。自鸣天籁,不择好音,有由然矣。松,落落秋萤之火,魑魅争光;逐逐野马之尘,罔两见笑。才非干宝,雅爱搜神;情类黄州,喜人谈鬼。闻则命笔,遂以成编。久之,四方同人,又以邮筒相寄,因而物以好聚,所积益夥。甚者,人非化外,事或奇于断发之乡;睫在目前,怪有过于飞头之国。遄飞逸兴,狂固难辞;永托旷怀,痴且不讳。展如之人,得毋向我胡卢耶?然五父衢头,或涉滥听;而三生石上,颇悟前因。放纵之言,有未可概以人废者。

松悬弧时,先大人梦一病瘠瞿昙,偏袒入室,药膏如钱,圆粘乳际。寤而松生,果符墨志。且也,少羸多病,长命不犹。门庭之凄寂,则冷淡如僧;笔墨之耕耘,则萧条似钵。每搔头自念,勿亦面壁人果是吾前身耶?盖有漏根因,未结人天之果；而随风荡堕，竟成藩溷之花。茫茫六道，何可谓无其理哉！独是子夜荧荧，灯昏欲蕊；萧斋瑟瑟，案冷疑冰。集腋为裘，妄续《幽冥》之录；浮白载笔，仅成《孤愤》之书。寄托如此，亦足悲矣。嗟乎！惊霜寒雀，抱树无温；吊月秋虫，偎阑自热。知我者，其在青林黑塞间乎！

康熙己未春日。

（1）

张岱说："人无癖，不与可交，以其无深情也；人无疵，不可与交，以其无真气也。"这话说得极是！

每个人都只有短暂的一生，因为对这个世界充满好奇，才会发现让自己痴迷的事与物，并沉醉其中。若是一个人全无癖好，对身外之物毫无感情，想必对人也不会有深情，这种人是不值得交往的。

纵观古今，但凡在某领域成就非凡之人，终其一生都围绕着自己的"癖好"而活，他们就像是为那痴迷之物而生，在庸庸碌碌的日常里寻找到自己的一方天地，种出心生欢喜的花，也因了这热爱与痴迷之物，才让自己的人生变得熠熠生辉。

对某事某物痴迷的人，想必是饱含深情的有趣之人，蒲松龄就是其中之一。

他一爱文学创作，与功名富贵无关，只因发自内心喜欢，诗词、骈文、小说，乃至歌哭应酬的文、赋事状物的文，各类文体创作均有涉足，直至临终前二十二天写下最后一首绝句才不得不搁笔；二爱奇闻异事，从青年时期他就非常喜欢鬼神故事，民间文学中那些精怪鬼魅之事，他读得津津有味，继而与自己的生活遭遇和耳闻目睹的事结合起来，最终，创作出了流传千年的文言短篇小说集《聊斋志异》。

蒲松龄家族之中，历代考取科举功名的人不少，大抵是受了家族影响，他对科举的热衷持续一生，只不过，十九岁考取秀才后，应试之路就到了尽头。之后他屡试不中，仕途无望。

父亲原本也是乡里有名的文士，后来弃儒经商，遭遇明末清初的战乱之后，家道逐渐中落。对于蒲松龄而言，书香门第的雅与市井生活的俗之间是可以在文学创作中得到融合的，他既从阅读中汲取传统文学的精华，也从民间采集俗文学的创作灵感，那些流传在黎民百姓之中的故事让他觉得生动且充满活力。

据说，他在家门口摆了个茶摊，招呼来往路人歇脚饮茶，却并不收费，只为听路人讲故事，收集那些奇闻异事的素材。

丰富的人生经历和深入百姓生活取材，让他在短篇小说集《聊斋志异》中，为读者呈现出纷繁多彩的人生百态。

这篇序言，算得上是蒲松龄的心声吐露。

（2）

读屈原，《山鬼》一篇特别动人。那身披香草的多情山鬼，痴痴等待着心上人，等到年华逝去，心中情感亦未减少半分。屈原想必是被感动了，在骚体诗篇中抒发出无限感慨。

读李贺，其诗作中天马行空的想象描绘出一个奇丽的世界。一众妖魔鬼怪入诗，李贺吟得津津有味，他也被后世之人誉为"诗鬼"。

他们都是有着坚定信念和理想的文士，拒绝迎合俗流，在文学创作中率性真实地表达自己。我蒲松龄寂寞地生活在世上，仕途失意，像一团孤零零的萤火，山川精怪却喜欢追逐这团微光。我若跟随俗世大流去争名逐利，反倒被这些鬼怪妖精嘲笑。

一念想到东晋时期的干宝，他博学多才，写下《搜神记》，成为"中国志怪小说的鼻祖"。我虽然没有他的才华，却也对这些奇闻异事非常痴迷。就像北宋时期被贬至黄州的苏轼，闲着的时候喜欢到处找人聊天，聊传说故事，也聊鬼怪妖魔。

这个搜集的过程漫长且充满乐趣，天下四方的好友都纷纷寄来书信，跟我分享他们听闻或遭遇的奇怪事情，加上平时我也喜欢搜集这类故事素材，积攒了非常多的内容。

我将听到的这些故事都用笔记录下来，汇集编撰成书。

大千世界里，真是无奇不有。虽然我人在中原，但听闻的事情比偏远的蛮荒之地发生的事还要令人感到惊异，眼前出现的奇怪事情，比传说中头颅四处乱飞的国度还要离奇。

人们兴致超逸之时，难免语言豪放，意兴勃发，容易冒出狂言妄语。若是将哲思意志寄托在久远的故事里，将情感注入其中，也就不必讳言了。

关于叔梁纥与颜氏女野合而生下孔子的故事，兴许是无稽之谈，但唐代李源与高僧圆泽禅师相约来世相见，倒能让人感悟到一些因果轮回的道理。

这些听起来离奇的事件，兴许只是超出了人们现有的认知范围，不一定非要按照自己的偏见去否定别人的逻辑。

我父亲曾经说过这样一件事，在我出生的时候，他梦见一个身着袈裟的瘦弱和尚，病恹恹地走进屋里，乳旁贴着一块铜钱大小的膏药。等到父亲睡醒之时，就听见我呱呱坠地的哭声，他抱起我一看，乳旁竟真的有块黑痣，与梦中那和尚如出一辙。

一生时间转眼就溜走了，回想起来，在小的时候我确实体弱多病，身体不佳，长大之后也命运多舛，不如别人。家中门庭冷落，寂寞凄凉，跟僧人古刹青灯的幽居生活也差不多；为谋生计，卖文度日，就像和尚托着钵四处化缘一般。

有时候，我不免怀疑，父亲梦中的和尚是否就是我的前身。世间因果接续，因不能成佛升天脱离六道轮回，只好投胎回到这人间，过着清贫的生活。

夜已经深了，霜露降下，桌前的灯火摇摇晃晃，就要熄灭。

我孤独地坐在书桌前，桌面似寒冰般冰凉。清冷如水的夜色包围着四周，唯有一点一点不断积攒的文字陪伴在身边。

南朝刘义庆集门客所撰鬼神灵怪之事，写下《幽冥录》，我心有宏愿，想要把此书写成续编。酒饮了不少，字也写了许多，却仅仅只成就了《聊斋志异》这本孤愤之书。一生所遇所思所感皆寄托在这样一本书中，实在是可悲可叹。

霜降之后的雀鸟扑棱着翅膀栖息在大树上，大树亦无温暖。望着天空冷月兀自哀伤的秋虫，只能用身体倚靠着栏杆取暖。

这一生多少辛酸无人可诉，真正懂我内心的，可能只有那些冥冥之中的鬼魅精怪了吧！

（3）

如这篇序言中所提及，蒲松龄继承了一些前代文人写志怪小说的衣钵，他虽自谦《聊斋志异》为孤愤可悲之书，实际上，却在写法和思想内容上比前人更胜一筹。

他在书写中加入了自身生活经历的丰富元素和思想观念，虽然故事里少不了神仙妖怪，但与我们生活的环境并不违和。

蒲松龄自有一套逻辑，打破了现实世界与虚空世界的界限，将带有神秘意识的形象引入现实生活之中，让它们之间发生许多传奇故事。

少时读《聊斋志异》，读的是趣味。草木虫鱼，万物皆可成精，万物皆有思想，为读者绘制出一副奇诡瑰丽的秘境图。

青年时读《聊斋志异》，读到了特立独行的意志。爱情故事占据了书中大部分篇幅，主人公的身份各不相同，但大多有着鲜明的个性，不受礼教规矩的束缚，能够依着自己的本心去勇敢追求爱情。

人至中年再读此书，却见其中社会百态，从封建贵族阶层到贫苦黎民百姓，旧时社会的一些弊病在字里行间被昭示，通过故事，展露出因果相报的底层逻辑。

书里的故事大多篇幅短小，但对于人物形象的刻画和心理描写却非常生动。蒲松龄用简练的语言将环境融入其中，想象力天马行空，却又细致入微；写作从人物性情出发，故事变幻莫测的发展与逻辑完美契合。

我相信，所有故事都并非空穴来风，这其中一定不乏蒲松龄的个人体验。在物质世界里，随处可见人欲横流，心机叵测；相对而言，妖魔鬼怪的世界反倒显得单纯可爱起来，它们或用情至深，或有着忠孝节义，恰恰反映出人类世界的复杂与多变。

这本书，蒲松龄写了四十年。

读此书时，读者时而被跌宕起伏的故事情节吸引着，时而被人物性格所触动，时而陷入作者刻画的环境之中。情感的流动冲破了空间界限，让读者的心随着故事中人物的遭遇而变化，或感动，或悲愤。

无论是从文学价值还是思想观念上，这本书都称得上中国古代文言短篇小说的里程碑。

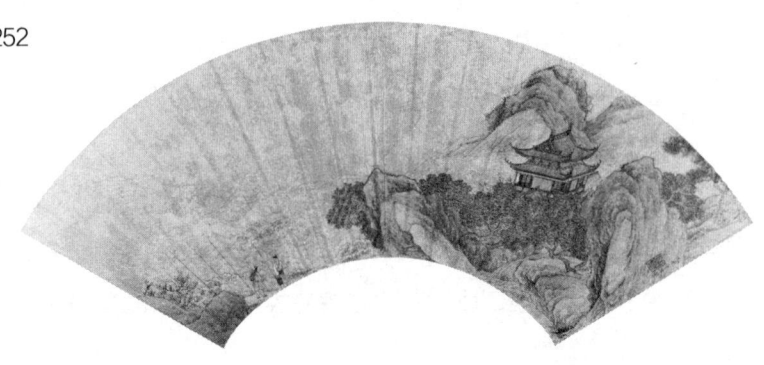

文字之间,见境界大小

——清代·王国维《人间词话·后主之词以血书者也》

尼采谓:"一切文学,余爱以血书者。"后主之词,真所谓以血书者也。宋道君皇帝《燕山亭》词亦略似之。然道君不过自道身世之戚,后主则俨有释迦、基督担荷人类罪恶之意,其大小固不同矣。

(1)

他是真正的集大成者。

人生在世,能够在一个领域得其成就者,本已屈指可数,但他却涉足广泛,在文学、史学、哲学、文字学、考古学、美学、教育、戏曲等等领域,都占据了一席重要地位。

他博通古今,兼容中外,留下了丰富的学术遗产。近现代交替时期,无论在国内还是国外,他都享有非凡的声誉。

他就是王国维。

王国维的人生底色带着高贵的书卷气。他七岁开始接受私塾教育，在家庭氛围的熏陶下，不仅早早涉猎中国传统文化，也领略到了先进的科学知识。王氏家族赋予了他浓厚的书香之气和贵族阶层的生活。

大多数人毕生都专注于某一领域，深耕细作，方才有所贡献。王国维却不然，他每每遇见心生喜欢的领域，都能立刻沉醉其中，潜心研究一番。

留洋的经历让他接触到大量西方哲学思想，引发了研究兴趣，那段时间，他主攻哲学，将西方众多流派的哲思与中国传统文化中的先秦诸子、宋代理学的思想结合起来，融会贯通，重新做了梳理。

之后，他又进一步研究了心理学、逻辑学、美学等等，庞杂的阅读内容让他自成一套思想体系，并形成了自己独有的审美趣味与人生志向。

浮世繁华万千，他却对那些应酬往来和名誉声望毫无兴趣。授予他北大教授身份，被拒绝，推荐他任职清华国学研究院院长职务，也推辞不做。

从始至终，他选择遵从自己的内心，让生活回归到最为简单的状态，喜滋滋钻研学问，长久不息，乐此不疲。

他始终保持着严谨笃实的作风和恭谨朴实的德行，一生之中，不仅留下许多里程碑式的成就，也培养了许多领域的专家学者。无论是从个人修为、治学态度还是取得的成绩，他都是值得后世之人追随和敬仰的一代学者。

令人遗憾的是，这样一位声名卓越的杰出学者，最后却选择了主动告别人世。

关于他的死因，后世有各种说法。我更倾向于陈寅恪先生所说，他是死于自己的信仰。

（2）

那是一个失调的时代，清朝命数将尽，外族强势入侵。封建统治土崩瓦解，社会体系紊乱不堪，百姓都生活在水深火热之中。在那样一个时代里，人们对于未来是迷茫的，精神上寻找不到可以寄放的地方。

王国维从日本归国，本是希望通过哲学研究来揭示一些人生真理，却发现哲学观念之中的主观与客观在思想上难以调和。

若凡事都要追求客观世界的科学实证，将所有知识和观察对象分析得井井有条、逻辑缜密，这固然可信，但失了主观感情的论证分析却冷冰冰的，并不"可爱"。

若是从情感出发去认知这个世界，虽然生动，富有想象力，却又少了理性分析，缺失了让人感到可信的基础。

然而，天才总是创造者。在这对峙与分层之中，王国维挣脱了另一条通向其超越之路，把文学创造中所具有的审美规定角，于是，有了《人间词话》。

此书乃是文学理论批评形态之作，但是从创作的批评形态化入手，初步构筑了传统的间居形态多。他围绕"境界"二字，提升了一通向其超越的反面审问。

从作品审美角度看，王国维认为文学乃是一种审美对象，轻重着，轻音能出，不必同其多，但他坚信保持着自己的真情，他毫不掩饰对情所影响，另一种则是努力要把客观之生活及其用，让所作的之意物与自己有其情，情与意交汇融合。

关于艺术之美的来源和批评尺度，根据其所见，心中所知而发出来，要次真情，便人口到文中表达便可能和精确地，最为紧的人如摆入他所写的所写到，又不掩饰怔忡故作，能够把现出来，精蕴其多，必须切实充满。

"可信"与"可爱"的矛盾在他年前之上反映出，被到文学作品上就形成了"真与善"的上等纠纷。

当实验的作家回忆起"可信"之人，他们拼着死亡把保持的虚构，所有之文众生自觉和其名所在，也理难而死他们多必把复求的大算者。"可疑"之人，他们"以观化以其月"，也随物情为重拥向于"以文为专利用表"。

王国维接受二者兼并把长在，我次谦出了文字创作中的"难"

境"与"有我"的区别,同时他认为,重要为上乘的作品,总能够将两者艺术地融合创作。"一切景语,皆情语也。""著我之色,情景无不交相辉映,章,重上都和谐一体。

此观点出自《人间词话》。

(3)

王国维在美学观念和诗歌创造上继承了叔本华的观点,也受到后来的梁启超影响,但他却并没有陷入其中,他能把握一种中国传统文化中"推直说""悟心说"的观点,又托篮出一种新的路径和方法,将诗歌中具有暴露性的诗推而广之,使得《人间词话》成为中国近代史上具有系统理论体系的一部文艺批评著作。

此观点出自《人间词话》。

王国维引用邓国基名诗关邑来的民说:"面对一切以来，我最欢欢喜用生命和心血书写而成的图。"所谓"血书"，乃是指作家怎激溅诉的表现以文字于纸上。

在正史、他们决生了夺路与来继承他位的同人。这些人的这些他命相似，都是凡之雄的后裔，专委灭敌国光大欢家的重业。又都经历了艰辛仪身下的时事，来奏灭国解家亡的困春，终得流落荒野的结局。

他们以为通知愿到非洲人所能体会，但在亡国难者来来，确人们所谓那相差不远。

当诸葛亮本着稻作母性正反及凸凹之卡，米德米教说的《雅山亭》中有示相似，但米德米已经深思着说自己与世隆落的反后思，将小像的因为小镜开放并在领撒个小猿的那疆侧，就像们撞到布匿和蛋看那些，有向着穷男子凸中的人来越涩，句话者指同业涨的深刻。

来撒索之间，凸像美的有底也其，示寰为中揖到的"有扶之猿"，"我"，首如答考物的主体，因而所凡之物都带有"孩"的烙痕，盲"孩"的人无底和凸原植性格的反应。将底抛起来，既者物抵抗一，又若物抵抗忽，优观了一种间接恢撞之间。扔唬施揖了及个"将旨，示寰，"无接之度"，如箓主在"我"的是深泥掉。

一个的性思想与他目白的经历，性情，才生有深亢可分割的关系，所有他的重撕都来源于他是的气质和品性。但王国维以为，情感而没有优吞之分的，只有大小的区别。

在求视洞说中，你水心以为有虚进行了周蛋和批诗，认，岁求如的面佟体差。
悲《人间洞说》一书，不位能清晰审美化语求的耻升。还很以作是我，"雷南说，"那考说精神现满的吞风与人来面撕的　泡蓝。